KB122222

말투가
승부를
가르는
순간

내 인생을 잘 풀리게 하는 말의 힘

말투가
승부를
가르는
순 간

김범준 지음

 글의온도

차례

1부

말 센스: 일머리보다 더 중요한 치명적인 매력

2부

관계 센스: 처음부터 90점은 먹고 들어가는 기본 중의 기본

3부

마음 센스: 상대의 마음을 움직이는 10가지 무기

당신의 인생을 책임질
'괜찮은' 말투 하나

당신이 이제 사회에 첫발을 내디딘 신입사원이라고 해볼까요? 이전과는 전혀 다른 시간과 공간에서, 어떻게 살아야 할지 한참을 머뭇거릴 당신을 위해, 어쩌면 당신의 실력보다 더 중요한 것이 있어서 글을 쓰게 되었습니다.

이제 여러분은 돈을 받으며 일하기 시작했습니다. 그것도 단기 알바가 아닌, 어쩌면 평생의 일자리를 찾아가는 오랜 여정의 시작점에 들어섰습니다. 즉, 같은 직장은 아니더라도 평생 비슷한 일을 하며 살아갈 가능성이 큽니다. 이때 여러분 인생에서 어쩌면 처음 연봉 수준보다, 내가 만나는 사수보다 인생에 더 큰 영향을 주는 것이 있습니다. 바로 내가 자주 쓰는 말투, 그 말투 뒤에 숨은 거대한 삶의 태도가 그것입니다.

 '말투? 그걸로 내 직장생활이 달라진다고?' 의심할 수도 있을 겁니다. 하지만 분명히 말합니다. 지금 이 시대야말로 "말투 하나만 잘 설계해도" 당신이 갖춘 능력, 역량 등이 몇 배로 더 빛납니다. 한 마디로 리스크는 전혀 없으면서도 인생에 엄청난 변화를 가져올 수 있는 레버리지를 공짜로 사용하는 것과 같은 효과를 가져옵니다. 직장 속에서 말투는 시작이자 끝입니다.

 저 역시 직장생활 초반에 말투의 중요성을 무시했던 때가 있었습니다. 그냥 주어진 일만 성실히 잘 해내면 그만이

머리말

라고, 자기 증명이 끝난 줄 알았죠. 그런데 아니었습니다. 하나를 해결하더라도 또 다른 문제가 끊임없이 전혀 다른 모습으로 다가왔습니다. 하지만 제대로 된 말투를 사용하는 것만으로 '이전의 나'와 '이후의 나'는 확실히 달라졌습니다.

대단한 자격증을 따거나, 영어성적을 올리는 것보다도 중요한 것은 직장에서 당신의 매력도를 높여주는 '괜찮은' 말투 하나를 만드는 것입니다. 이 일을 위해 짧지만 임팩트 있는 여정을 시작해볼까 합니다.

말투는 복잡하고 힘든 일을 잘 풀리게 해줍니다. 실력으

말투가 승부를 가르는 순간

로 풀 수 없는 인간관계까지 쉽게 풀어버립니다. 많은 선배도 비슷한 말을 했습니다. "직장인은 실력만으로는 안 돼. 그 실력에 걸맞은 태도가 필요하지. 태도가 승부를 가르는 순간은 생각보다 자주 있어." 저는 이 말을 언제나 새깁니다. "신입은 인사만 잘해도 90점은 먹고 들어간다"라는 말도 있습니다.

우리에게 직장이 줄 수 있는 최고의 복지혜택은 무엇일까요? 멋진 휴게실, 안마의자, 학자금 지원, 유연 출퇴근제, 높은 연봉, 스트레스가 적은 근무 환경… 물론 중요합니다. 하지만 최고의 복지혜택은 다름 아니라 직장 선배의 '꽤 괜찮은' 말투입니다. 당신이 머무는 공간이 아무리 그럴싸하

머리말

더라도(혹은 공무원처럼 '안전'하더라도) 그 안에서 주고받는 말투가 나를 날마다 찌르고 있다면, 그곳은 필시 지옥일 수밖에 없습니다. 하지만 이 책에선 그분들, 즉 여러분의 선배, 팀장, 임원 그리고 사장님의 말투가 '온전하다'라는 전제하에 이야기를 나누겠습니다.

이 책은 주로 직장생활을 새로 시작하는 신입사원을 위한 것이긴 하지만, 나이에 상관없이, 인생의 새 출발을 하는 모든 분에게 도움이 될 것입니다. 조그마한 장사를 시작했거나 주로 혼자 일하는 크리에이터로 살고 있거나, 이직해서 새 환경에 적응해야 하는 분들도 그 '신입'을 자신이라고 생각하면 모두 나를 위한 콘텐츠가 되어줄 것입니다.

말투가 승부를 가르는 순간

그들의 말투가 괜찮다면 이제 공은 오롯이 우리 몫입니다. 우리가 일하면서 '전략적인 직장생활'을 하고 싶다면 일머리만 키우는 게 아니라, 그 역량과 소통하는 당신만의 '트레이드 말투'를 만들어보는 것은 어떨까요?

김범준

말 센스:

일머리보다 더 중요한 치명적인 매력

시작

꽃은 향기로,
사람은 말투로 기억된다

시작부터 좋은 사람으로 기억되는 당신이기를 바랍니다. 신입사원으로 한 회사에 들어갔다면 '성공 체험'을 통해 성장해야 합니다. 그리고 이 성공 체험의 시작은 새 직장에 들어가서 마주하게 되는 사람들에게 어떤 이미지를 주느냐에 따라 결정되는 경우가 많습니다. 그런 이미지는 결국 당신의 말투와 행동이 결정합니다.

최근에는 과거와 달리 이직이 좀 더 쉽다 보니 첫 회사를 1~2년 다니다가 기회를 봐서 더 나은 회사로 옮기려는 경우가 많습니다. 급여나 복지 등 하나라도 더 나은 회사로 가려는 것이죠. 하지만 이것저것 따져서 선택했지만 결국 이전보다 못한 회사로 가기도 합니다. 내부 구성원만 알 수 있는 정보나 환경이 자신에게 맞지 않는 때가 있으니까요.

언젠가 이런 이야기를 듣게 되었습니다. 이름만 들으면 알 만한 한 외국계 회사의 한국법인에서 1년간 근무하다가 살인적인 노동강도에 질려서 한국의 중견기업에 들어온 분이 있었습니다. 학벌, 경력이 모두 화려했기에 입사는 어렵지 않았다고 합니다. 입사한 지 얼마 되지 않던 날, 선배들과 함께 커피 한 잔을 하던 시간에 팀장님이 이런 질문을 던집니다.

"전에 다니던 곳은 세계적인 기업이잖아요. 여기로 온 계기가 있나요?"

팀 선배들도 평소 궁금했기에 그가 어떻게 대답할지 주목하고 있던 그때, 그 친구는 이렇게 말했습니다.

1부. 말 센스

"용의 꼬리보다는 뱀의 머리가 되고 싶었습니다."

순간 무척 어색한 정적이 흘렀습니다. 물론, 선배들이 잘 포용했겠지요. 20대 후반의 전도유망한 신입의 '이 정도 말실수' 하나 받아주지 못하는 회사라면 그가 앞으로도 닥칠 여러 어려움에서 어떻게 살아남을 수 있을까요.

그런데 말입니다. 그래도 이건 좀 아니지 않나요. 가령, 갑작스러운 질문을 받아 적절한 대답이 떠오르지 않았다면 그냥 듣기 좋은 적당한 말을 내놓는 편이 훨씬 낫지 않았을까요. 꽃은 향기로, 사람은 말투로 기억됩니다. 물론 인정받으려면 실력과 자신감도 중요합니다. 하지만 이런 말실수는 치명적입니다. 한번 박힌 부정 이미지를 긍정 이미지로 바꾸려면 몇 배의 노력이 필요합니다.

'아니, 솔직하게 말한 게 뭐가 문제냐!'라고 하는 분도 있을 테니까 저는 '틀리다'라고는 말하지는 않겠습니다. 사람마다 생각은 다르니까요. 하지만 회사는(혹은 당신에게 일을 맡기는 상사는) 당신의 급여 수준을 정할 때(혹은 고과 점수를

매길 때) 당신의 말투와 태도를 실력보다 더 중요하게 여긴
다는 사실만큼은 기억했으면 합니다. (신입이 아무리 실력이 뛰
어나봤자 3년 정도가 될 때까지는 선배들의 손이 훨씬 많이 갑니다.)

'긍정'이라는 키워드도 마찬가지입니다. '긍정적으로 생
각하라!'라는 말, 이젠 너무 많이 들어 솔직히 지겹습니다.
거부감이 들 정도죠. 오히려 "솔직한 게 좋지. 듣기 좋은 말
만 하면 달라지는 게 없잖아요"라고 말하고도 싶겠죠. 그런
데, 과연 그럴까요.

회사라는 '트랙'에 올라간 선수들이라면, 특히 당신이 신
입이라면 이제 전혀 다른 출발점에 섰음을 알아야 합니다.
좋은 점도 있습니다. 이전의 학력, 능력, 경력 등이 모두 '리
셋' 되어버린 겁니다. 이제 나만 잘하면 됩니다.

어디로 향할지에 대한 목표, 그리고 그것을 위해 어떻게
해야 할까를 염두에 두고 달려가야 할 시간입니다. 잘 달리
려면 '좋은 운동화'를 신어야 하지요. 슬리퍼를 신고 달릴
수는 없잖아요? 이것을 직장생활에 적용해봅시다. 회사에

서 좋은 말투를 탑재하는 것은 육상 시합에서 좋은 운동화를 신는 것과도 같습니다. 회사라는 곳에서 통용되는 언어를 익히는 것, 그게 바로 신입에게 주어진 첫 번째 화두인 겁니다.

재수

운이 나빴더라도
과녁을 탓하진 말자

문제 하나 풀어볼까요?

한 기업에서 판매대금과 관련된 사고가 있었다. 임원
이 해당 팀장에게 전화해 물었다. "김 팀장, 힘들지?
좀 어때, 괜찮아?"

당신이 임원으로부터 전화를 받은 팀장이라고 해보
자. 어떻게 대답할 것인가? (그는 신입팀장이었고, 팀
원의 고의적 일탈로 벌어진 일로 최소한의 관리책임 이외
에는 팀장의 책임은 비교적 가벼웠다.)

① 죄송합니다. 제가 원래 재수가 좀 없어서 늘 중요한 때에 무슨 일이 생깁니다. 화가 많이 납니다.

② 염려하지 마십시오. 앞으로 더 어려운 일도 겪을 텐데 이런 일을 미리 겪었으니 관리자로서 훈련받는 것이라 여기겠습니다. 문제없이 잘 처리하겠습니다. 신경 써 주셔서 감사합니다.

실제로 한 중견기업 대표이사를 지낸 분이 밝힌 사례입니다. 만약 이 사례를 신입 때 듣게 되었다면 제 직장생활은 어떻게 됐을까 생각해봅니다. 훨씬 좋은 방향으로 성장했겠다는 생각이 듭니다.

당신이 두 팀장을 총괄하는 임원이라고 해봅시다. '좋은 관리자가 되기 위한 훈련을 받는 중'인 사람과 '원래 재수가 좀 없는' 사람 중에 누구를 미래의 리더로 삼겠습니까?

사실을 먼저 고백하자면, 회사에서 '재수 없는 놈' 운운하던 사람이 바로 저였습니다. 신입 때부터 그랬습니다. 문제가 생기면, '재수 탓'으로 돌렸죠. 영업사원으로 근무하며 목표

말투가 승부를 가르는 순간

를 달성하지 못하면 온갖 변명을 갖다 붙이느라 바빴습니다.

> "시장 환경이 나빠지고 경쟁사의 저가 공격이 심해져
> 매출 목표 달성이 어렵습니다."
> "원래 영업은 '복불복' 아닌가요. 올해는 재수가 없어
> 서 제 실적이 엉망이네요."

어떻게 이런 말을 함부로 했는지 지금 생각해도 식은땀
이 납니다. "춤추고 싶지 않으면 땅이 젖었다고 말한다"라
는 외국 속담처럼, 성과를 내지 못할 때면 다른 걸 탓하느라
정신이 없었습니다. 마땅히 탓할 게 없으면 '재수 없다'는
핑계까지 들이대면서 자신을 '쉴드'치기까지 했으니까요.
참 부끄러운 일입니다.

궁수는 활이 과녁 한복판에 맞지 않으면 당연히 자신을
탓해야 하지만, 저는 과녁을 탓했습니다. 아무 죄도 없는
'운명'을, 그리고 '재수'를 끌어들여 과녁이 이상해서 그런
거라고 말했습니다. 이런 말을 하면서도 왜 부끄러움을 몰
랐던 걸까요. 늦었지만 이제 저도 회사에 진 빚을 갚아 나가

려고 애쓰는 중입니다.

당신은 저의 실수에서 교훈을 얻길 바랍니다. 회사는 당신의 면피 욕구와 변명거리를 잘 알고 있습니다. 그러므로 문제가 생겼다면 쿨하게 받아들이되 그 문제를 앞으로 어떻게 개선할 것인지에 대해 자신 있게 답하는 말투가, 오히려 당신을 보호하고 또 성장하게 만든다는 사실을 잊지 마십시오.

말투가 승부를 가르는 순간

응원

아부와 응원을
가르는 차이

최근에 누군가를 응원하는 말을 해본 적이 있나요. 부모님,
연인 빼고요…. 아, 그들에게도 응원의 말을 해본 적이 없다
고요? 하지만 이러면 진도를 나가기 힘드니 최소한 사랑하
는 사람을 향해서는 응원의 말을 해봤다고 하고 말씀드리겠
습니다.

　당신이 신입으로 들어간 회사, 그곳의 누군가에게 응원
의 말을 한다는 건 어떤 의미인가요? "와, 과장님. 술 정말
쎄시네요!" 제가 말씀드린 건 이런 게 아닙니다. 회사의 다

른 사람을 향해 응원의 말을 한다는 건 그들이 성과를 이루고 개인적인 비전을 펼칠 수 있도록 도와주는 말을 한다는 의미입니다.

조직 구성원이라면 모두 자신만의 목표가 있습니다. 하지만 거기에 이르는 구체적인 방법을 잘 몰라 헤매기도 합니다. 자신이 무엇을 좋아하는지 모르기도 합니다. 이때 누군가가 그 어렵고 힘든 점을 이해하고 또 찾아내 권해주고 응원한다면? 당신을 바라보는 눈이 전과는 완전히 달라지겠지요.

뭔가 좀 쑥스럽긴 하지만 예를 들어 이런 식으로 말하는 것입니다.

> "사업을 새롭게 보는 팀장님만의 시각을 배우고 싶습니다."
> "대리님께 문의드렸던 것, 덕분에 잘 해결됐습니다."
> "○○님이 제가 휴가 갔을 때 필요한 업무를 다 커버해 주셨네요. 감사해요."

말투가 승부를 가르는 순간

우리는 직장에서의 커뮤니케이션을 '수직적 지시', '강압적 통제' 등으로만 생각하는 경우가 많습니다. 아닙니다. 얼마든지 아름다운 말투로 직장 내 인간관계와 성장을 함께 잡을 수 있습니다. 말투란 단순히 업무성과의 단기적 달성을 위한 도구가 아닙니다.

한 회사에서 리더로 오랫동안 일을 해온 어떤 분이 '말투 설계'를 통한 소통의 필요성을 다음과 같이 말씀하셨는데, 저도 전적으로 동의합니다.

> 회사생활을 쭉 해오면서 깨달은 게 있습니다. 소통은 불필요한 노동을 없애주는 그 무엇이었습니다. 소통을 잘하면 그것만으로도 일을 줄일 수 있습니다.

'일을 줄일 수 있다'는 말에 귀가 솔깃할 것입니다. 여기에는 우선 당신의 말투를 잘 설계해야 함이 기본적으로 전제됩니다. 앞으로 '이상하게 일이 잘 해결되질 않네? 이상하게 나만 일이 많네?'라는 생각이 든다면 당신의 능력보다는 말투를 점검해보길 바랍니다.

문제를 멀리서 찾지 마세요. 자신에게서 찾으면 정확합니다. 소통이 잘 안 된다면? '혹시 내가 아무도 알아듣지 못하게 말하는 건 아닌가?'라면서 스스로 돌아봐야 합니다. 아무도 알아듣지 못하는, 듣고 싶지 않은 말을 하는 당신은, 어쩌면 직장에서 누군가를 향해 '옹알이'만 하는 중인지도 모릅니다.

말투란 신기하게도 그렇게 말하는 사람의 삶 자체를 평가하는 척도로 움직일 때가 많습니다. 말투는 그것을 표현하는 주인을 잘 드러낸다는 의미입니다. 당신이 비록 신입이더라도, 비즈니스 커뮤니케이션에서 말투 하나만큼은 임원급이 되기를 진심으로 바랍니다.

말투가 승부를 가르는 순간

엄격

사소한 것은
절대 사소하지 않다

"에이, 뭘 그런 것 갖고 그래?"

무심코 이런 말을 할 때가 있습니다. 별거 아닌 것에 '그러면 안 돼'라고 하는 듯한 표정을 보면 '뭘, 저렇게 예민하게 굴지?'라며 오히려 이해하기 어렵다는 생각이 듭니다.

여기에서 우리가 생각하는 '뭘 그런 것 갖고'의 사례를 나열해보겠습니다.

"지하철에서 갑자기 시위가 있어서 지각했는데 어쩔 수 없었지."

"담배 한 대 피우러 나가는 건데."

"뭘 묻고그래. 출출해서 편의점에서 컵라면 한 그릇 먹고 왔는데."

"우리 회사엔 수면실도 없나? 식곤증이 심해 잘 곳이 없어서 차에서 자다 왔네."

"괜찮아. 오랜만에 모인 동기들 모임인데 점심에 맥주 한 잔쯤은…."

"○○ 씨, 이것 봐. 영화배우 ××가 이혼했다며?"

"식사 후에 당구 한 게임 어때요? 조금 늦게 들어와도 뭐라고 안 할걸요?"

"몸이 영 안 좋아. 잠깐 병원 다녀올게. 팀장님께는 잠깐 자리 비웠다고 해줘."

"전세자금 대출 때문에 은행 잠깐 다녀오려고. 금방 온다고 해줘."

사소한 말이라고 생각하는 이런 것들, 절대 사소하지 않습니다. 여기서 '엄격'이라는 키워드를 당신 자신을 향한 화두로 삼아보는 건 어떨까요? 사실 저 역시도 이 정도 말들은 편하게 사용해도 문제없다고 여겼습니다. 하지만 실수였습니다. 회사의 생각은 전혀 달랐으니까요.

특히 '근태'에 관한 한 자신에게 엄격해야 합니다. 결정적 순간, 중요한 순간에 당신을 측정하는 건 놀랍게도 업무 성과가 아니라 근태가 될 수도 있다는 것을 기억해두셔야 합니다. 특히 요즘처럼 재택근무, 원격근무가 확산하는 시점에서는 더욱 그러합니다. '에이, 뭐. 집 앞 마트에 잠깐 다녀오는 건데 뭘.' 그건 당신의 생각일 뿐 근태 위반입니다.

10여 전, 한 신문은 신입사원의 가장 꼴불견인 행동으로 잦은 지각과 인사하지 않음을 꼽았고, 업무 시간에 잦은 전화 사용, 반복적인 업무 실수, 상사에게만 잘하는 아부형 등이 차지했다고 전했습니다.

지금은 괜찮다고요? 글쎄요. 오히려 지금이 더 촘촘하게 근태를 측정하는 것 아닐까요. 신입인 당신이 생각하는 별거 아닌 사소한 일들을 회사는 심각하게 평가합니다. 우리는 '별거 아닌 일'로 생각하지만, 회사는 '별과 같은 일'로 보는 경우가 많습니다.

한 중견기업 대표의 말입니다.

> 직장생활 성공의 비결을 물어보는 사람들에게 저는
> '사소함에 대한 충실한 가치 부여'를 이야기합니다.
> 사소한 것을 중요하게 여기는 마음을 기본으로 해서,
> 역량과 능력에서도 차별성을 갖춘다면 그때 회사는
> 그 사람을 '신뢰할 만한 사람'으로 평가합니다.

사소한 전前 공정 실수가 후後 공정에 심각한 악영향을 미칠 수 있습니다. 작은 것 하나에도 관심을 두고 조심스럽게 이야기하는 말투를 지닌 당신을 보면서 회사는 비로소 당신을 믿게 됩니다. 훗날 큰일을 맡길 만한 사람으로, 조직의 리더로 인정할 것입니다.

기회

상사를 위한 커피값을
아끼지 마라

말은 원래 어려운 법입니다. 말투 설계는 자기 습관을 통째로 바꾸는 수준의 비상한 노력이 들어가야 하는 험한 과정입니다. 하지만 여기서 이전까지의 삶을 당장에 바꾸려고 하지는 말아주세요. 평생 축적된 마인드셋을 한 번에 다르게 할 수는 없습니다. 대신 작은 것 하나부터 회사가 인정하는 루틴에 따르면서 시작해보세요.

혹시 아침에 커피 한잔으로 시작하는 부서에 있다면 누군가의 커피 제안을 거절하지 마세요. 팀장님이 내 자리에 와서 "○○ 씨, 커피 한잔 마시고 올까요?"라고 했을 때 "팀장님, 저 어제 말씀하신 가나다 회사 관련 자료를 만들어야 해서요. 그리고 저는 회사 오다가 커피 한 잔 마셨습니다"라고 하지 않길 바랍니다.

이런 반응에 당신의 팀장은 어떻게 생각할까요? '오, 역시 성실한 ○○! 열심히 일하는 모습을 보니 든든하네!'라고 생각했을까요. 천만에요, 큰 실수입니다. (이쯤에서 고백해야겠네요.) 사실은 제가 그랬습니다. 과거 신입 시절에, 그리고 그 후로 꽤 오랫동안 저런 모습이었습니다. 물론, 이젠 저런 실수를 반복하지 않습니다. 아니, 이렇게 말씀드리죠.

가시죠! 팀장님. 지난번 도와주신 일 덕분에 잘된 거 기념으로 오늘은 제가 살게요!

제 주변엔 절약이 생활화된 사람이 많았습니다. '파이어족'을 꿈꾸며 재테크에 관심을 두고 투자에 힘쓰는 분들이 많았습니다. 담뱃값, 택시비, 외식비 아끼려고 발버둥 치는 사람들…. 하지만 다른 돈은 아끼더라도 아끼면 안 되는 것이 하나 있으니, 바로 직장에서의 커피 한 잔 값입니다. 저는 주변 지인들에게 이렇게 말하곤 합니다.

> 혼자서 마시는 커피는 아무래도 괜찮다. 그러나 상사와 마시는 커피는 당신이 돈을 들여서라도 좋은 데서 마셔야 한다.

상사와 함께하는 커피 한잔은 자기 성장을 위한 일종의 투자입니다. 그 커피 한잔 속에서 오가는 말들의 소중함을 당신이 오롯이 느껴보았으면 합니다. 소비재 분야 기업에서 전략부서 팀장으로 일하는 분의 이야기를 소개합니다.

> 온종일 바쁜 사람들이 있어요. 점심시간에도 바쁘고, 오후에도 바쁘고, 야근은 생활이죠. 뭐, 좋아요. 하지만 팀장이 커피 한잔 사겠다고 청해도 어떻게든 빠지려는 모습을 보면 '이 사람이 나를 부담스러워하나?' 라는 생각에 거리감이 느껴지는 건 어쩔 수 없어요. 상사와 친해지면 본인 업무에도 나쁠 게 없을 텐데, 왜 그러는 걸까요?

비슷한 사례는 주변에 널렸습니다. 예를 들어 당신이 속한 팀 인원이 팀장을 포함해 5명이라고 해보죠. 안타깝게도 당신 외엔 모두 흡연자입니다. 급속도로 피곤이 몰려오는 오후 시간, 팀장과 선배들이 "잠깐 바람이라도 쐬고 하지?"라고 제안합니다. 이때 당신이라면 어떻게 하겠습니까?

> "아, 다녀오세요. 저는 남은 일이 급해서 이것부터 먼저 정리하겠습니다."
> "저는 담배 안 피워요. 다녀오세요."

열심히 일하는 당신, 조직에서 앞서가는 사람으로 인정받는 사람의 말투일까요. 그게 아닌 듯합니다. 오히려 뒤처지게 하는 말투 아닐까 합니다. 이런 자리에 빠지면 여러 가지로 손해 볼 확률이 높기 때문입니다. 업무를 떠나 인간 대 인간으로 만나 대화하는 자리에서는 업무 현장에서는 나올 수 없는 다양한 이야기들이 오가기 때문이죠.

조금 더 난도 높은(?) 말씀을 드려볼까요. 금융회사에서 근무하는 한 분이 들려준 에피소드 중에 흥미로운 이야기가

말투가 승부를 가르는 순간

있었습니다. 같은 과장 중에 비흡연자임에도 담배 피는 사람들 무리에 꼭 끼는 사람이 있다는 거였습니다. 그는 니코틴이 없는 전자담배를 가지고 갑니다. 그 이유를 물어보니 당연한 듯이 이렇게 말했답니다.

> 빌딩 뒤 냄새나는 골목길에서 담배 피는 사람들, 찌질해 보이죠? 하지만 그 사람들 말들 속에서 얼마나 많은 정보가 오가는지 알면 놀라실걸요.

그는 전략적으로 담배 피우는 척하기를 구사하고 있었던 겁니다. 흡연자 무리 속에서 자기 성장을 위한 기회를 찾아내고 있었던 것이죠. 그러니, 이제는 상사와 마시는 커피값 한잔 정도는 전혀 아깝지 않겠지요?

책임

믿고 맡길 수 있는
사람이 된다는 것

"왜 이미 끝난 걸 두고 난리지? 그럼, 말을 미리 해주던가. 어떻게 모두 내 책임으로 돌리냐고!"

"내가 할 수 있는 게 없었는데 뭘 어쩌라는 거지?"

혹시 당신도 이런 말투에 익숙해진 것은 아닌지요? 일에 대해 책임지려는 자세가 없는 커뮤니케이션은 공허할뿐더러 소모적입니다. 하지만 힘들다고 겁부터 내지 마세요. 당신에게 먼 훗날 다가올 책임의 크기에 비하면 그 강도와 빈도는 정말 약한 수준이니까요.

말투가 승부를 가르는 순간

'구글'을 떠올리면 자유분방한 근무 여건, 대학교와 같은 느낌의 캠퍼스, 구성원의 열정 등이 먼저 생각납니다. 뭔가 여유롭고, 안락하고, 창의적이고, 자유롭고…. 저 역시 그랬습니다. 하지만 언젠가 구글 본사에서 일했던 분이 이렇게 말하는 걸 듣고 정신이 확 깼습니다.

> 사람들은 '구글' 하면 '하고 싶은 거 마음대로 해'라는 분위기를 떠올립니다. 하지만 여기에는 뭔가가 빠졌습니다. '하고 싶은 거 마음대로 해. 하지만 책임져!'가 정확한 표현입니다. 구성원의 의지와 열정에 따른 자율적 업무 수행은 100% 인정하지만, 그에 따른 성과에 대해서는 철저하게 자기 책임으로 가져가야 하는 게 바로 구글의 문화입니다.

성과를 못 낼 때 받는 스트레스가 상상 이상이라는 그분의 말에서, 우리는 일을 어떻게 여기고 있었는지 반성해야 한다고 생각했습니다. 어쩌면 우리는 보고 싶은 것만 보고, 듣고 싶은 것만 보느라 정작 그 이면에 있는 거대한 책임의 무게는 간과하고 있었는지도 모릅니다.

그러므로 당신의 말투에, 결과에 대한 통제를 포함해보길 바랍니다. 스스로 의미 부여를 한 일이면서 결과에 대한 책임감도 놓치지 않고 있음을 말로 표현하는 것이죠. 그럼, 앞에서 했던 말투를 바꿔 볼까요?

> "왜 이미 끝난 걸 두고 난리지? 그럼, 말을 미리 해주던가. 어떻게 모두 내 책임으로 돌리냐고!"
> ⇨ "이 일을 실행 후 예상되는 결과를 미리 말씀드리려 합니다. 검토해주시겠습니까?"

> "내가 할 수 있는 게 없었는데 뭘 어쩌라는 거지?"
> ⇨ "고객의 평가 기준을 사전에 얻어서, 수주 진행하면서 실수가 발생하지 않도록 해야겠다."

아직은 무리할 수는 있겠지만, 그래도 기대하는 바가 있습니다. 자신에게 주어진 일에 대해서만큼은 자기 책임하에 최종 결정을 내리는 데 익숙해져야 한다고 말입니다. 맡겨진 일이 아무리 작더라도 자기 판단과 결정에 따라 일을 수행하며, 그 결과도 책임질 줄 아는, '내 일'이라는 생각을 하길 바랍니다.

이렇게 자기 일에 책임을 질 줄 안다면, 업무에 주체적으로 나설 수 있고 결국 하는 일에 몰입할 수밖에 없습니다. 그 몰입에서, 눈에 보이는 측정 가능한 성과를 낼 뿐만 아니라, 우리가 그토록 원하는 창의적인 사고도 가능해집니다.

성과와 창의력 발현은 결국 개인적인 성장은 물론 회사의 발전을 이끄는 동력이 됩니다. 그러니 책임감은 일을 성과와 연결하는 중요한 키워드가 됩니다. 이런 생각들이 말투에 당연히 포함되어야 하고요.

생각은 말로 구체화됩니다. 구체화된 말은 실행을 촉구합니다. 실행이 있어야 성과가 나옵니다. 말이 태도를 바꾸고 결국 마인드를 변화시킵니다. 그러니 마인드가 변화하길 기다리기보다 제대로 된 말투로 먼저 커뮤니케이션을 시도해간다면 언젠가는 자기통제와 책임에 익숙한 사람이 되어 있지 않을까요.

1부. 말 센스

겸손

상사를 잘 이용하는 지혜

퀴즈 하나 풀어볼까요?

다음 중 옳은 말을 고르시오.

① 벼는 익을수록 고개를 숙인다.

② 벼는 고개를 미리 숙여서 빨리 익는다.

예상했겠지만 저는 ①보다는 ②가 맞다고 생각합니다.

잘 나가고 싶습니까? 회사에서 편하게 지내고 싶습니

말투가 승부를 가르는 순간

까? 그렇다면 '겸손'이라는 키워드를 기억하세요. 고개를 먼저 숙이면 얼마든지 도움을 받을 수 있음에도 '고개 숙이는 그 순간'이 싫어서, 귀찮아서, 어색해서 그만두는 바람에 늘 그저 그렇게 삽니다. 겸손하면 상대방이 하나라도 더 도와줄 가능성이 커지고, 그 도움을 통해 내가 기대하지도 않았던 호의를 누리며 좀 더 나은 사람으로 인정받습니다.

하지만 우리는 '겸손하다'를 '굴종하다'와 비슷한 의미로 받아들이는 경우가 많습니다. 그러니 풀리지 않는 문제를 혼자 싸안고 끙끙거리곤 합니다. 문제는 해결되지 않고 점점 악화됩니다. 당신이 문제를 발견한 즉시, 상사나 회사에 진심으로 도움을 요청했다면 어땠을까요. 필요할 때 'SOS'를 외치는 것도 당신에게 필요한 말투입니다.

다음과 같은 말들이 자연스럽게 나올 수 있도록 기억하고 적용해보세요.

> "이번 건은 잘 모르겠습니다. 이번에 한번 도와주시면 잘 배우겠습니다."

"미처 생각을 못 했습니다. 다른 대안을 찾아서 보고
하겠습니다."

"이렇게 진행해도 될까요. 경험이 있으시니 조언을
부탁드립니다."

"이거 하나를 아직 해결하지 못하고 있습니다. 한번
확인해주시면 감사하겠습니다."

"다음에는 실수하지 않겠습니다. 이번만 저를 응원해
주십시오."

　　낮은 자세로 도움을 요청하는 사람을 이유 없이 거절할
사람은 없습니다. 더군다나 당신이 신입이고, 그분들과 평
소 원수처럼 지내지 않았다면 도와달라는 당신을 내칠 팀장
이나 선배는 없습니다. 그리고 도와달라고 하면 일종의 '면
피'도 가능해집니다. 삼성그룹과 롯데그룹에서 모두 근무했
다는 분의 이야기입니다.

　　사전 보고를 통해 상사의 피드백을 받는 이유는 두 가
지입니다. 하나는 좀 더 나은 아웃풋output을 만들기
위해서입니다. 나 혼자 끙끙대며 만든 것보다는 선배

의 식견이 반영된 수정본이 보다 품질이 좋은 게 당연하지 않을까요. 다른 하나는 일종의 '면피'가 가능하기 때문입니다. 담당자는 문제가 될 사안을 사전에 보고하고 선배들의 솔루션을 미리 구하는 사람이 됩니다.

'아웃풋'에, '면피'까지 가능한 겸손의 말투, 써먹지 않을 이유가 있을까요. 도와달라고 해야 합니다. 모르는 걸 알려달라고 말하는 것도, 부족한 걸 채워달라는 것도, 상사의 지혜와 지식을 빌리는 것도 겸손입니다.

제가 한때 모셨던 임원의 말씀입니다.

지원부서의 ○ 팀장 알지? 그 친구가 탁월한 게 하나 있어. 말을 정말 잘해. 특히 도움을 요청하는 데 일가견이 있어. 어떻게 말하느냐고? 이런 식이야. '이사님, 이번 프로젝트가 저에게는 너무나 중요합니다. 그런데 금융부서의 협조가 어렵네요. 이사님께서 유사한 프로젝트 해보시지 않으셨습니까. 그동안 어떻게 금융부서 설득에 성공하셨습니까?' 이렇게 말하는 데 내가 어떻게 가만히 있겠어. 발 벗고 나서지 않을 수 없지. 그 친구, 상사를 잘 이용할 줄 아는 친구야. 멋진 놈이지. 허허허.

당신의 말투에는 이렇듯 상대방의 이해와 도움을 요청하는 표현이 가득 담겨 있길 기대합니다. 겸손은 상대방의 지식과 지혜를 포용하려는 마음가짐이기 때문입니다.

당신이 겸손하기를 바랍니다. 다른 말로 하면, 도와달라고 할 줄 알았으면 합니다. 그러면 당신의 부족함을 인정하고 상사의 호의를 입어 최선을 다해 좋은 결과를 만들어내겠다는 태도로 인정을 받습니다. 겸손의 말투, 그 어떤 말보다 확실하게 성과를 얻어내는 방법이라는 걸 잊지 마세요.

진중

"딱 아는 만큼만 말하세요. 잘 알지도 못하면서!"

'진중鎭重하다'라는 말이 있습니다. '무게 있고 점잖다'라는 뜻이지요. 하지만 신입에게도 권하고 싶은 말이기도 합니다. '에이, 무슨. 신입 때야 뭘 하든 예쁘게 보이는 때인데 하고 싶은 것을 하고 재밌게 지내면 되는 거지!'라고 반문하고 싶기도 할 것입니다. 그렇다면 최소한 '경박하다'라는 느낌을 받게 되지는 않았으면 합니다.

아래 사례를 한번 읽어볼까요?

오랫동안 아이를 갖지 못해 고민하던 팀장님이 오늘 드디어 아이를 보는 날이다. 사모님은 병원에 보내고 아침에 출근하긴 했지만 일이 손에 안 잡히는지 자리에 앉아 있질 못한다. 늦게 결혼해서 고생 끝에 아이를 만나게 됐으니 얼마나 설렐까. 출산 예정 시간이 다가오자 병원으로 가셨다. 팀원들 모두 미리 축하하면서 잘 다녀오시라고 응원했다.

두 시간쯤 지났을까. 팀에서 늘 나서기 좋아하는 선배인 김 대리가 팀장님에게 전화를 걸었다. 옆자리라 자연스레 통화 내용이 들렸다. 다른 팀원들도 '아들이야? 딸이야?'를 궁금해하며 얼른 물어보라고 한다.

"팀장님, 전화 받으시네요? 아기 나왔죠?"
"응, 그게… 아니다. 그래, 고마워."
"딸인가요? 아들이에요? 예뻐요?"
"지금 조금 정신이 없어서… 나중에 얘기할게."
"에이, 말해주시지. 많이 궁금해한단 말이에요."
"…"

말투가 승부를 가르는 순간

팀장님에게 축하 전화를 하는 이런 김 대리를 옆에서 보는 당신, 이 상황을 어떻게 생각하는지 궁금합니다. 굳이 전화까지는 하지 않더라도 출산을 앞둔 직원에게 문자메시지나 톡을 보내며 축하하는 행동은 인지상정이고 좋은 일이죠. 그런데 마땅히 축하받아야 할 출산 과정에 어려움이 생겨 상대방이 당황하고 있다면요?

최근 혼인 나이가 올라가면서 고령 출산이 일반화되고 있습니다. 그러다 보니 아무래도 산모 혹은 아기가 출산 과정에서 어려움을 겪는 경우가 생기기도 합니다. 그런 상황에서 '아무 생각 없는' 부하직원의 축하 전화를 받는 상사의 심정은 어떨까요. 축하 메시지가 짜증 혹은 분노 메시지로 바뀌는 건 아닐까요.

이런 예는 많습니다. 팀장의 자녀가 내신성적이 좋다는 이야기를 듣고 "역시 팀장님을 닮아 공부를 잘하나 봐요. 합격은 당연한 거네요"라고 말했는데 수능을 망쳐버렸다면? 결혼을 앞둔 선배에게 "와, 축하해요. 남편 되실 분, 완전 훈남이라는 소문이 파다하던데요?"라고 관심을 보였는데, 불행히도 중간에 일이 꼬여 결혼이 깨져버렸다면?

타인의 사생활에 관심을 보이는 것, 무조건 탓할 일은 아 닙니다. 다만 안다고 해서 함부로 표현하지 말았으면 합니 다. 그런 말투가 상대방에게 상처를 줄 수도 있거든요. '성 급한 사람의 근심거리는 두 배로 는다'라는 말이 있습니다. 산모와 아이가 모두 건강한지 확인한 후에, 팀장의 자녀가 대학에 합격한 것을 확인한 후에, 결혼식장에서 신부를 보 고 환한 얼굴로 인사하고, 그때 축하해도 늦지 않습니다.

오래전에 본 영화에서 기억나는 이야기가 있습니다.

한 남자가 어여쁜 여자를 낚아보려고 안간힘을 쓴다. 가까워질 듯 말듯 거리를 두는 여자를 보고 남자는 몸 살을 앓는다. 아버지뻘이나 되는 다른 남자를 선택한 여자를 두고 남자는 생각한다. '저 여자는 불행하다. 뭔가 사연이 있어서 잘못된 선택을 한 것일 거야.' 결 국, 남자는 용기를 내서 말한다. "당신 솔직히 행복 하지 않죠? 나는 다 알고 있어요. 이제 나에게 와요."

말투가 승부를 가르는 순간

여자는 당차게 대꾸한다. "딱 아는 만큼만 말하세요. 잘 알지도 못하면서!"

마지막 여자의 말, 기억에 꼭 넣어두길 바랍니다. '잘 알지도 못하면서' 상대방에 대해 이러쿵저러쿵 떠드는 것은 범죄와도 같습니다. 영화 대사처럼 '딱 아는 만큼만' 말해야 합니다. 사실 그 '아는 만큼'이라는 게 어디까지인지도 모호한 경우가 많으니 더 조심해야겠습니다. 누군가에 대해 표현할 때 필요한 것은 막연한 추측이 아닌, 사실에 근거한 후 신중한 배려를 포함한 말투입니다.

혁신과 스피드가 대세인 시대를 살고 있으나 말투만큼은 그 혁신과 스피드에서 잠시 벗어났으면 합니다. 대화에서 주인공은 말하는 사람이 아니라 듣는 사람이며, 말하는 이가 아무리 선의를 갖고 말해도 듣는 이의 상황이나 기분이 좋지 않다면 아무 소용도 없음을 깨닫길 바랍니다.

"이사님, 이번에 송파구 아파트로 이사하셨다면서요? 대체 집값이 얼마예요?"

1부. 말 센스

"실장님, 주식으로 대박 나셨다고 소문이 파다하던데요? 투자비법 좀 공유해주세요."

누군가는 자랑하고 싶어 안달이 날 만한 것을 숨기고 싶어 하는 사람도 꽤 많다는 것을 잊지 않았으면 합니다. 회사 업무와 무관한 일로 관심의 대상이 되고 싶지 않은 거죠. 직장생활을 오래 해본 사람일수록 저런 일로 여러 사람 입에 오르내리는 것은 아무 득이 안 된다는 사실을 잘 알고 있습니다. 그러니 쓸데없이 타인의 일들에 함부로 입을 놀리지 않기를 바랍니다.

말투가 승부를 가르는 순간

세심

가장 강력한 차별화 포인트

'세심細心하다'란 말이 있습니다. '작은 일에도 꼼꼼하게 주의를 기울여 빈틈이 없다'라는 뜻이지요. 당신이 신입이라면 '세심'이란 말 한마디를 꼭 기억해두었으면 합니다. 직장에서 어떤 상황을 마주하더라도 당신의 말투에 세심함이 가득하길 바라면서요. 저는 세심한 편이 못되었습니다. '막' 말하고, '막' 행동했죠.

하지만 저와 달리 세심하게 자기 말투와 행동을 다듬는 사람들도 꽤 많았습니다. 제가 신입 때의 일이 생각납니다.

제가 소속된 부서는 업무 특성상 자료 정리와 분석이 중요했습니다. 아무것도 모르는 신입이 할 일이란? 그렇습니다. 선배님들이 시키는 허드렛일, 대표적으로 두꺼운 외국 원서를 복사하는 일이 고작이었습니다.

'나름대로 열심히 공부해서 좋은 대학 나왔다고 생각했는데 고작 하는 일이 복사?' 이런 건방진 마음이 가득했던 저처럼, 복사기 옆에는 불만 가득한 신입 동기들이 우글거렸습니다. 대다수가 '영혼 없는 표정'으로 선배 욕, 회사 욕 그리고 자기 신세한탄을 하던 때였죠.

그런데 그때, 유독 의욕이 넘치는 동기 한 명이 있었습니다. 복사할 때도 뭔가 유심히 내용을 살피던 그 친구가 자신이 속한 부서의 선배와 복도에서 나누던 이야기를 우연히 듣게 되었는데, 그 대화 내용에 얼마나 충격을 받았던지 지금도 제게 기억으로 고스란히 남아 있습니다.

선배: 어이 신참, 복사만 하니까 심심하지?

동기: 아닙니다. 복사하라고 하신 부분, 저도 관심 있

게 체크하고 있습니다.

선배: 두꺼운 원서인데… 지루하지 않아?

동기: 복사를 기다리며 원서를 틈틈이 읽으니 심심할 겨를이 없습니다.

동기의 자신감 넘치는 말투 그리고 그러한 태도와 말투에 반한 듯 바라보던 선배의 모습이 인상적이었습니다. 만약 선배가 저에게 물어봤다면 어땠을까요? "그러니까요. 저는 언제 일다운 일을 하게 되는 거죠? 언제까지 복사만 해야 하는 건지…."

앞에서 말한 그 친구, 속된 말로 회사에서 잘 나갔습니다. 그뿐인가요. 차분히 경력을 쌓으며 회사에서 보내주는 대학원도 수료하더니 훗날 세계적인 컨설팅 회사에 입사하더군요.

저에게 그 친구의 성공비결을 묻는다면, 남들이 귀찮고 지루해하며 재미없어하는 하찮은 복사조차 쉽게 넘기지 않는 그의 세심한 자세, 그리고 그것을 긍정적으로 표현하는

1부. 말 센스

강렬한 말투에 있지 않았을까 생각해봅니다.

　그 친구에 대해 정말 놀라게 된 일이 하나 더 있습니다.
제목을 붙인다면 "스테이플러의 추억"이라고나 할까요. 그
친구는 복사한 자료를 스테이플러로 철할 때 늘 한 손에 투
명 테이프를 들고 있었습니다. 그것을 이상하게 여긴 제가
이유를 물었는데 대답은 이랬습니다.

　"선배님이 자료 보다가 삐죽 나온 침에 다치면 안 되잖
아. 안전하게 투명 테이프를 붙이는 거야."

　도대체 이런 마인드 그리고 말투는 어디서 배운 것일까
요. 남들 보기에 하찮고 구질구질한 일을 하면서도 그 안에
서 의미를 찾아내는 정신, 그리고 그것을 자신의 말투로 표
현하는 것, 대단하지 않나요. 회사에서 일어나는 일들은 대
부분 불편하고, 사소하며, 빛나 보이지 않는 것들입니다. 그
런데 그거 아십니까. 그런 것들을 대하는 당신이 태도가 바
로 차별화의 시작이 된다는 것을요.

성과

밥맛 떨어지게 하는
말투를 피하는 법

제 이야기를 해보겠습니다. 실패 경험담이죠. 오래전이네요. 제가 팀장 보직을 받는 것에 실패하여 좌절했을 때 이야기입니다. 당시, 참 억울했습니다. 실적은 나쁘지 않았습니다. 그런데 왜 그랬을까? 억울해서 임원에게 따지기도 했는데, 알고 보니 여러 문제가 있었습니다. 특히 제가 사내 대화에서 사용하는 말투가 문제였습니다.

이 책의 '원조격'(?)이라고 할 수 있는 저의 첫 책 키워드 '회사어會社語'가 바로 그때 탄생합니다. 제 말투가 잘못되었음을 깨닫고 다양한 기업의 리더들과 인터뷰하게 되었는데 그분들은 한결같이 "말투 하나 제대로 갖추지 못한 회사원이 너무 많다"라고들 하셨습니다. 그런데 세상에, 그 '말투 하나 제대로 갖추지 못한 회사원'중 하나가 다름 아닌 저였던 겁니다.

마인드? 능력? 물론 중요합니다. 하지만 회사가 인정하는 핵심 인재로 성장하기 위해서는 우선 '말투부터 제대로 설계하라'라고 그분들은 저에게 고언했습니다. 맞습니다. 말은 '제대로' 해야 합니다. 회사는 친구나 가족 모임과는 다른 곳입니다. 회사에서 사용하는 말은 친구들과 어머니, 동생 사이에서 오가는 것과 다릅니다. 회사라는 조직에서 사용하는 말은 따로 있습니다.

열정? 그것은 직장에서 통용 가능한 말투로 치환해서 보여주어야 합니다. 뛰어난 능력 역시 마찬가지입니다. 말투가 결국 당신의 가치를 결정합니다. 대한민국 기업의 공통 화두가 무엇일까요? '소통'일 겁니다. 그리고 소통은 당신의 말투에서 비롯됩니다. 조직 구성원이 구사하는 말투가

말투가 승부를 가르는 순간

바로 그 기업 문화를 가장 적나라하게 표현합니다.

당신의 말투에 반드시 포함해야 할 키워드가 여러 개 있습니다. 이번에는 그중에서 '성과'에 대해 말해보려 합니다. 성과란 '이루어낸 결실'이지요. 모든 회사의 경영 이념에는 성과가 반드시 포함됩니다. 도전적인 목표를 세우고 지속적인 성과 창출에 노력하며, 성과에 따라 공정하게 평가하고 보상한다는 의미입니다.

그렇다면 성과라는 키워드를 당신의 말투에 어떻게 녹여내야 하는 걸까요. 저는 치열함, 인내 그리고 책임, 이렇게 세 가지로 정리해 말씀드리고자 합니다.

우선 성과 말투는 '대충'을 거부하고 '치열함'으로 가득해야 합니다. "괜찮아, 일단 납기만 지키면 되지, 뭘?", "대충해. 예쁜 프레임에 PPT나 잘 만들어", "일단 했으니 된 거 아니야?" 제가 이런 식으로 말하곤 했습니다. 동료는 물론 상사, 심지어는 제가 이끌어줘야 할 후배 사원에게도 이렇게 말했던 기억이 납니다. 부끄럽습니다. 당신 말투에 이러한 '대충'이 없기를 바랍니다. 대신 이런 말투를 사용해 보는 겁니다. "마지막인데 다시 한번 점검해 보려고요", "분명히 경쟁사를 이길 수 있는 제안서라고 생각합니다", "결과가 나쁘면 모든 게 제로 아닌가요. 조금 더 신경 쓰겠습니다."

다음으로 성과 말투에는 '포기'란 단어가 없습니다. 대신 '낙관적 인내'가 들어 있습니다. "세 번이나 방문했는데도 반응이 없는데, 뭘 또 하냐", "이젠 그만하지. 왜 그렇게 미련을 두는 거지?", "그거 아니어도 할 것은 많아. 귀찮다." 프로다운 말투는 무엇일까요? "세 번 갔으니 앞으로 일곱 번은 더 방문해야지", "이왕 시작한 거, 제대로 끝은 봐야지", "이게 안 되면 다른 것도 안 되는 거야."

마지막으로 성과 말투는 결과에 대한 무책임을 용납하지 않습니다. 한 명의 '전사戰士, warrior'가 되어 온전하게 '책임'을 지겠다는 말투를 포함합니다. "일단 했다는 게 중요하지", "솔직히 안 되는 것 알고, 시작한 거 아니었나?", "내가 하자고 한 게 아닌데, 위에서 알아서 하겠지." 듣기에

말투가 승부를 가르는 순간

도 불편한 말들이죠? 이제 이렇게 말해보십시오. "내가 끝까지 책임질게. 내가 고객 소통에선 우리 회사 대표로 만나는 거니까", "했으면 얻어내야지. 성공했으면 실적을, 실패했으면 교훈이라도."

　　신입에게는 이런 성과 말투가 아직 어색할 수 있습니다. 하지만 지금 당장은 아니더라도, 이것을 당신의 말투에서 조금씩 사용하겠다고 염두에 두고만 있어도 곧 선배들이 인정하는, 후배가 존경하는 그런 핵심 인재로 성장하는 데 큰 도움이 될 것입니다.

당신을 지켜주고 싶게 만드는
한마디

직장생활을 해보니 잘 나갈 때 함께 기뻐하는 사람보다는 어려울 때 도와주는 사람이 더 필요할 때가 많습니다. 어려운 순간이 닥쳤을 때, 혼자 바로잡으려 고군분투할 때 누군가가 나서서 "이 친구, 참 괜찮은 사람이야!" 혹은 "실수였을 겁니다. 그동안 얼마나 노력했는데요!"라면서 저를 보호해주는 목소리가 그립더라고요.

당신에게 일종의 과제로 드리고 싶은 게 있습니다. 결정적인 순간에 당신을 보호해줄 수 있는 사람을 만들기 위해 노력하라는 것입니다. 그들이 당신을 보호할 수 있게 말투를 튜닝해볼 것을 권합니다. 그렇다면 직장 선후배, 동료, 세상 사람들이 어떻게 하면 당신을 변호할 마음을 갖게 할 수 있을까요.

금융회사에 재직 중인 후배 얘기입니다. 그는 몇 년 전 사내연수 과정 중에 '임원과의 대화'라는 프로그램에 참석했을 때 본 장면을 저에게 얘기해줬습니다. 회사에서 성공한, 그러면서도 후배들의 존경을 받는 임원과 자유롭게 질의와 답변을 하는 시간이었습니다. 그때 참석자 중 한 명이 임원에게 이렇게 질문했답니다.

> 우리 회사는 좋은 회사입니다. 하지만 알게 모르게 소위 '줄'이 있는 것 같습니다. 실력으로만 승부를 봐야 하는 요즘 세상에 이런 일은 여러 가지 문제를 만드는 게 아닐까요? 오랫동안 회사에 다니시면서 이런 부분에 대해 생각하시는 바가 있을 텐데 허심탄회하게 말씀해주시면 감사하겠습니다.

임원의 대답은 어떠했을까요? "맞습니다. 이런 문화 당장 없애야 합니다. 그게 누굽니까. 발본색원하는 데 앞장서겠습니다." 이렇게 말했을까요? 전혀 아니었습니다. 그 임원의 대답은 이러했습니다.

직장생활 몇 년 차인가요? 13년 차요? 힘드시죠? 회사에 대한 애정, 인정합니다. 하지만 하나 물어봅시다. 세상이 아직도 공평하다고 생각합니까? 자신을 제대로 드러내지 못하면 아무도 알아주지 않습니다. 우리가 그토록 욕을 하는 '줄'이라는 것도 자기 자신을 드러내기 위한 최소한의 몸부림으로 보는 것이 낫지 않을까요.

예상외의 대답에 주위가 조용해졌다고 합니다. 임원의 말은 계속되었습니다.

직장생활을 한 지 10년이 넘었음에도 자신이 위기에 처했을 때 도와주고, 보호해줄 수 있는 그룹이 5개도 없다면… 글쎄요, 그 사람의 직장생활, 성공적이지 않

말투가 승부를 가르는 순간

은 것처럼 보이는데요?

　연차가 적을수록 이분의 말씀은 다소 어렵게 여겨질 수
도 있습니다. 솔직히 저도 처음 질문자의 생각에 어느 정
도 동조하는 편이라 그 질문을 들으며 마음이 좀 아팠습니
다. '일만 잘하면 되는 거 아니야?'라는 생각이 더 강한 저
는 누군가를 사근사근 대하는 데는 도통 취미가 없고, 시도
때도 없이 소소하게 즐거움을 나눠야 하는 순간을 맞닥뜨
리게 되면 많이 어려웠으니까요.

　그래서일까요. 저는 직장생활을 무척 재미있게 보내지는
못했습니다. 그뿐인가요. 날 응원해주는 그룹 하나도 제대
로 만들지 못한 '게으름'으로 어려움을 만났을 때 저를 지켜
주는 따뜻한 말 한마디를 얻어내기도 쉽지 않았지요. 당신
은 저와는 다르길 바랍니다. 당신의 영향력을 강화할 줄 아
는 그런 말투로, 사람들의 지지를 얻어내기를 바랍니다.

　조직에서 만년 약자로 지내고 싶진 않으시죠? 그렇다면
세상은 약자에게 그리 공정하지 않음을 인정해야 합니다.

가만히 일만 잘하면 알아서 책임져주겠지, 라는 순진한 생각은 거의 환상에 가깝습니다. 이제는 당신을 지키고, 보호하며, 성장시키기 위해 도움이 될 그룹을 찾아 나서는 편이 낫습니다.

그렇다면 당신의 존재감을 드러내면서도 사람들이 당신 곁에 있기를 바라는 말투에는 어떤 것이 있을까요. 당신의 성장을 도와줄 사람을 찾아가서 마음을 헤아려달라고 당당하게 말하는 과정이 필요합니다. 있지도 않은 걸 하라는, 일종의 아부를 하라는 말이 아닙니다. 본받고 싶은 사람을 향해 도와달라고, 가르쳐달라고 하는 말투에 익숙해지라는 것입니다. 가령 이런 식입니다.

> "제가 이 분야에서 1인자가 되는 게 꿈인데, 이사님의 조언을 듣고 싶습니다. 가르쳐주십시오."
>
> "이 분야 전문가인 부장님의 전략적인 업무 스타일을 배우고 싶습니다."
>
> "실장님이 조직에서 성장하는 법을 말씀해주시면 꼭 따라서 해보겠습니다."

말투가 승부를 가르는 순간

이렇듯 내가 걸어갈 길을 앞서 경험한 분들을 따르고 싶다는 말투를 써보세요.

구글에 '학술 검색'scholar.google.co.kr 파트가 있습니다. 첫 화면에는 아이작 뉴턴의 명언, "거인의 어깨에 올라서서 더 넓은 세상을 바라보라"가 뜹니다. 그렇습니다. 거인의 어깨 위에 앉은 난쟁이는 거인보다 더 멀리 볼 수 있습니다.

당신보다 앞서 나간 사람들의 도움을 받는다는 것은 그들의 어깨 위에 앉는 것과 같습니다. 이때 그 어깨에 타는 게 얼마나 흥분되는 일입니까. 그 과정에서 잘하면 당신을 평생 이끌어줄 그룹을 만날 수도 있으니까요. 상대방에게 이런 마음이 들게만 하면 됩니다. '저 친구는 나를 믿고 신뢰하는군. 그만큼 잘 성장해야 할 텐데…', '○○ 씨가 나를 의지하는 만큼 잘 도와줘야겠어.'

인생의 절반 이상을 회사에서 보내는 우리는 일단 회사가 편해야 합니다. 회사생활이 즐거운지 괴로운지는 회사에서 맺고 있는 인간관계에 따라 달라집니다. 인간관계에서

1부. 말 센스

핵심은 상사와의 관계라는 점을 부인할 수 없습니다. 이때 상사와 신뢰, 애정으로 다져진 관계라면 회사생활의 절반은 성공입니다. 그 신뢰와 애정을 얻기 위해 이제 이렇게 말씀 해보세요.

"선배님(부장님, 이사님), 제가 성장하기 위해 무엇을 해야 할까요?"

말투가 승부를 가르는 순간

2부

관계 센스:

처음부터 90점은 먹고 들어가는 기본 중의 기본

소통

정보교환이 아니라
설득의 과정이다

"말은 안 통하는 게 정상이다."

이 한 마디를 기억하시기 바랍니다. 소통은 '나와 타인은 다름'을 인정하는 데서 시작합니다. 왜 다름을 인정해야 할까요. 무엇인가를 얻어내기 위해서입니다. 어느 조직에서라도 성장하고 발전하려면 자신만의 세계를 깨뜨리고 나와야합니다. 하지만 당신과 다른 경험을 하고 다른 인생을 살아온 사람과 대화를 해야 하기에 말이 쉽게 통할 리 없습니다. 게다가 삶의 기준과 성향도 모두 다릅니다.

말투가 승부를 가르는 순간

동물생태학자로 유명한 이화여자대학교 최재천 교수는
이렇게 말합니다.

> 동물 세계에서 소통이란 원래 잘 안 되는 게 정상이
> 다. 동물행동학은 한때 의사소통을 '서로에게 이로운
> 정보를 교환하는 행동'이라고 정의했다. 하지만 원래
> '소통'이란 소통을 원하는 자가 그 목적을 이루기 위
> 해 일방적으로 끊임없이 노력해야 하는 관계다. 툭하
> 면 소통이 안 된다고 하소연하는 사람은 소통의 근본
> 을 모르는 것이다. 소통하려면 상대방이 이해할 때까
> 지 수십 번이라도 설명과 설득을 반복해야 한다.

이분이 말씀하신 소통의 정의가 정확하다고 생각합니다.
신입인 당신이 보기에, 상사와 동료, 고객과 협력업체 담당
자와 말이 잘 통하고 있습니까? 아마 어려울 것입니다. 지
극히 정상입니다. 그래도 소통할 마음이 있다면(필요가 있다
면) 당신의 말투를 가다듬어야 합니다.

큰 꿈을 품고 입사한 회사에서 당신은 업무 자체보다는

누군가와의 관계, 특히 누군가에게 듣게 된 말투로부터 좌절을 경험합니다. 특히 윗사람과의 관계 혹은 다른 부서 동료들과의 관계에서 상처를 겪고 나면 사무실 건물만 봐도 한숨이 나옵니다. 아침에 일어나면 '하루를 어떻게 버티지?'라는 걱정에 출근길이 너무나 힘듭니다.

그렇죠. 회사에서 말이 진짜 안 통하죠? 내 마음을 타인, 특히 윗사람은 몰라주는 것 같습니다. 답답합니다. '이 또한 지나가리니' 하며 주문을 외워도 '그 사람'과 오늘도 내일도 만나야 합니다. 내 주변에는 왜 이런 사람들만 있을까 한숨을 쉬며 부서를 옮기고 회사를 옮깁니다. 결과는? 마찬가지입니다. 당신 곁에는 여전히 말이 안 통하는 사람이 많습니다. 무엇이 잘못된 것일까요.

저 역시 커뮤니케이션 실패자였습니다. 늘 말이 통하지 않는다고 투덜거렸습니다. 하지만 그렇다고 쉽게 포기하지 마세요. 다시 반복하자면, "말은 안 통하는 게 정상"이니까요. 직장에서 소통으로 힘든가요? 그렇다면 다름을 인정하고 당신의 말투부터 점검해보십시오. 상대방이 움직이지 않

말투가 승부를 가르는 순간

는다면 당신이 움직여야 합니다. 상대방이 마음에 들지 않는다고 '회피'를 선택한다면 남는 건 퇴사밖에 없습니다.

소통을 위해 스스로 어떤 노력을 하고 있었는지 살펴보는 시간을 가지길 바랍니다. '내 머릿속에 있는 걸 관철하려 하지 않고, 상대의 머릿속에 있는 걸 끌어낸다'라는 마음으로 말투를 변화시켜 보겠다고 다짐해보는 것이죠. 그 다짐이 실행 노력으로 이어진다면 상대방에 대한 이해의 폭이 커지는 것은 물론 당신을 지키는 말투의 사용도 능숙해질 것입니다.

시간

생각보다 엄격해도 좋다

제가 직장생활 4~5년 차가 되어 대리 직급을 달았을 때의 일입니다. 헐레벌떡 사무실에 들어온 저를 물끄러미 바라보시던 팀장님이 눈짓으로 저를 불렀습니다. '무슨 일이지?'라는 생각과 함께 컴퓨터를 켜지도 못하고 팀장님 자리로 갔습니다. 여전히 헉헉대면서 말입니다.

"김 대리, 요즘 집에 무슨 일 있어?"

"네? 왜요? 별일 없는데요."(뜬금없이 무슨 말씀이시지?)

말투가 승부를 가르는 순간

"회사에 조금 늦는 것 같은데… 혹시 아침에 따로 하는 일이 있나 궁금해서."

"어, 이상하다. 저 9시 되기 전에 도착했는데요? 58분? 59분? 그러니까 9시쯤?"

제 말을 듣던 팀장님의 답답해하는 표정이 아직도 기억납니다. 평소에 저를 아끼시던 그분의 얼굴에 안타까움이 겹치는 것도 느꼈고요. 그리고 얼마 후 술자리에서 저에게 이렇게 말씀하셨습니다.

"김 대리, 9시와 9시쯤은 다른 거야. 달라도 굉장히 달라. '9시 출근'은 9시에 업무를 시작하는 데 무리 없이 준비하라는 말이지, 8시 59분 59초에 사무실에 들어오면 된다는 게 아니야. 일도 열심히 하고 늘 성과도 좋은 김 대리지만 기본적인 근태에 대해서만큼은 좀 더 생각해봤으면 좋겠어."

그랬습니다. '9시'와 '9시쯤'은 전혀 다른 시간이었습니다. 특히 그것이 '회사의 시간'이라면 말이죠. '9시쯤'이라

2부. 관계 센스

고 '쯤'을 함부로 붙이는 제 말투는 신입이라도 잘 쓰지 않는, 수준 낮은 '0점'짜리 대답이었습니다. 저는 직장을, 세상을 너무 쉽게 본 겁니다. 여러분은 시간에 관한 한 쉽게 말하는 실수를 저지르지 말기를 바랍니다. 말투에 실수가 반복되어 겹치면 당신이 회사에서 성장하는 데 큰 핸디캡으로 작용할 수도 있으니까요.

사례를 하나 더 들어봅니다. 삼성그룹에서 임원까지 지냈다는 분이 쓴 글입니다. 그분이 평사원 시절, 회사 임원을 모시고 외국 출장을 갔답니다. 임원을 모시고 출장을 갔으니 챙길 일이 좀 많았을까요. 해야 할 일들을 마무리하고 보니 밤을 새워 새벽 4시였답니다.

아침 6시 20분에 만나기로 했으니 시간이 얼마 남지 않았지만 그래도 잠시 피곤함을 풀기 위해 눈을 붙이고 약속 장소로 나갔는데 도착한 시간이 6시 23분이었다네요.

> 임원: 우리가 오늘 몇 시에 만나기로 했죠?
> 사원: 6시 20분입니다.

말투가 승부를 가르는 순간

임원: 지금 몇 시죠?

사원: 6시 23분입니다. 준비할 것이 많아 새벽까지
　　　일하느라 조금 늦었습니다.

당신은 이쯤에서 이렇게 생각할 것입니다.

　'새벽까지 일도 많았고, 고작 3분 늦었으니 양해해주
　시겠지? 다른 일도 아니고 회사 일 하느라 그랬는데
　말이야. 그런 것도 양해 안 해주면 밴댕이 소갈머리
　아닌가!'

솔직히 저도 이렇게 생각했을 것 같습니다. 하지만 예상
과 다르게 그분은 이렇게 말했답니다.

　"○○ 씨는 직장생활의 기본이 뭔지부터 생각해봐야
　겠네요."

우리는 오늘도 약속 시간에 늦으면 이렇게 말합니다. "택
시가 잡히지 않아 어쩔 수 없었어요", "밤새워 일하느라 고

작 3분 늦은 건데요", "갑자기 배탈이 나는 바람에 늦었습니다"라고 말이죠. 과연 직장이라는 곳은, 이런 우리의 호소를 좋은 말투로 받아들여줄까요? 자, 그렇다면 어떻게 말했어야 했을까요? 제 의견은 이렇습니다.

> "큰 실수를 했습니다. 이사님의 일정에 문제를 일으켜 죄송합니다. 마음을 불편하게 해드렸습니다. 다음 일정에서 다시는 이런 일이 없도록 하겠습니다."

시간에 대한 당신의 태도는 말로는 하지 않았던 많은 것을 보여줍니다. 시간을 잘 지켜서 손해 보는 것은 없습니다. 하지만 시간에 대한 당신의 태도가 느슨하다면 생각보다 많은 것을 손해 볼 수도 있습니다.

말투가 승부를 가르는 순간

순서

순서만 잘 지켜도
기본은 한다

제가 초등학교에 들어가서 가장 먼저 지시(?)를 받은 건 줄
서기 그리고 '앞으로나란히'였습니다. 부모의 귀여움을 독
차지하던 아이가 학교에서 생전 처음 규범에 노출된 것이
죠. 그때부터일 겁니다. 무슨 일에든 질서와 순서가 있다는
사실을 알게 된 것 말입니다.

　초등학교에서나 사용될 법한 말, '줄서기', '앞으로나란
히'가 사실은 회사에서도 중요한 의미를 지닙니다. 회사라
는 조직은 앞과 뒤, 혹은 위와 아래가 있다는 걸 기억해야

합니다. 예를 들어 '점프 직보'(직속 상사를 건너뛰고 그 위 상사에게 직접 보고하는 것)를 경계하는 말투 같은 것입니다.

얼핏 생각하면 별거 아닌 것 같지만 실제로는 선배와 팀장의 마음을 함께 상하게 하는 위험한 말투입니다. 사례를 통해 알아보도록 하겠습니다.

홍보대행사에서 팀장으로 일하는 분의 이야기입니다. 그가 회사 리더 대상 워크숍에 참석하느라 자리를 비운 날이었답니다. 그 팀의 상위 부서인 기획 부서에서, 당시 진행하던 프로젝트를 물어보러 왔는데 이때 팀원 하나가 이렇게 말했습니다. "아, 그 프로젝트요. 걱정 안 하셔도 됩니다. 문제없이 완료된 걸로 알고 있습니다."

결국, 그 프로젝트는 '성공적으로 완결'된 것으로 대표에게 보고되었습니다. 문제는 그 후에 생겼습니다. 그 프로젝트가 속된 말로 '엎어져' 버렸고, 그에 대해 해명을 하느라 팀장은 진땀을 빼게 됩니다. 그 팀장의 말을 들어보세요. "얼마나 황당했는지 아세요? 의도했건 아니건 저는 그 팀

말투가 승부를 가르는 순간

원 때문에 완전히 물 먹게 되었습니다."

얼굴이 벌겋게 달아올라 분노를 표출하던 팀장의 모습이 아직도 눈에 선합니다. 그렇습니다. 순서를 지킬 줄 모르면, 앞에 누가 있는지 '앞으로나란히'를 할 줄 모르면 의도하지 않게 윗사람에게 큰 실수를 하게 됩니다. 회사의 위계질서는 철저하고 냉정합니다. 하급자의 말투로 봉변을 당한 팀장의 마음은 어떨까요.

요즘에는 회사의 자율적인 분위기를 장려하는 노력을 많이 합니다. 권위주의를 타파한다면서 '펀fun 경영'을 앞세우는 회사도 있습니다. 하지만 착각해선 안 됩니다. 이런 모습들이 조직의 위계질서나 직급 순서를 무시해도 괜찮다는 의미가 아니니까요. 그 순간 위기가 발생합니다.

알게 모르게 늘 비교당하고 경쟁할 수밖에 없는 회사원들에겐 크고 작은 욕심들이 행동으로 표출됩니다. 그러니 조직의 순서를 어겨서라도, 자신이 알아서 하겠다는 욕심이 말투로 표현될 때 문제가 생기는 것이죠.

자기 능력이 특출하거나 탁월하다고 믿게 되면 선배건, 팀장이건 관계없이 타인의 의견을 무시하려는 경향을 보입니다. 자신은 매사에 합리적으로 일을 처리한다고 믿으면서 회사 절차나 과정이 시간을 낭비하고 일의 효율을 떨어뜨리는 주범이라고 생각하는 경우 역시 문제가 됩니다. 누군가에게 귀찮게 조언을 구하기보다는 자기 선에서 끝내고 공로를 인정받으려는 것이죠. 이런 마음으로 대화를 이어가다 보면 결국 회사의 위계질서를 밟아가는 커뮤니케이션 순서를 우습게 여기게 됩니다.

직속 상사와의 관계에서만 문제가 아닙니다. 언젠가 요즘 젊은 분들은 팀 내 인간관계를 '팀장과 나'의 관점에서만 본다고 하더군요. '팀장 외에 나에게 영향을 줄 사람은 없다. 같은 팀원이니 경쟁 관계일 뿐'이라는 생각으로요.

같은 팀에 함께 있지만, 먼저 입사한 사람이지만, 자신의 인사고과에 영향을 줄 수 없는 선배는 그리 특별한 존재가 아니며, 오히려 팀 내에서 자신과 경쟁하는 사람 정도로 본다는 사실에 조금 걱정도 됩니다. 실제로 중견기업의 한 과장이 '선후배 관계 종말 시대'라면서 이렇게 한탄하는 걸 들었습니다.

> 회의 시간에 팀장님한테 깨졌어요. 변명 반, 각오 반으로 대답하고 있는데 새까만 신입 하나가 끼어들더니 '에이, 김 과장님. 그건 팀장님 말씀이 맞잖아요'라고 하지 않겠습니까? 어이가 없어서 쳐다만 보고 말았죠. 언젠간 뜨거운 맛을 보여주려고요.

팀제라고 하니, 그저 팀장과 팀원, 달랑 두 종류만 있다고 보지 않기를 바랍니다. 그렇게 세상을 너무 쉽게 보는 순간 당신 역시 쉽게 보일 처지에 놓일 테니까요. 기억해두세요. 조직의 직급 체계는 괜히 멋으로 만들어놓은 게 아니며, 모든 것에는 자리가 있고, 저마다 제자리가 있게 마련이며 그것에는 모두 '순서'가 중요함을 말입니다.

감탄

물음표 대신 느낌표를

다음 문제를 풀어보시죠.

당신은 어린이용품 회사에 신입으로 입사했다. 그런
데 영업부서도, 마케팅 부서도 아닌, 회계부서다. 금
요일 오후, 들뜬 마음으로 퇴근 준비를 하는데 당신
팀의 팀장이 임원 회의에 참석하고 오더니 팀원들을
소집한다. 잠시 머뭇거리던 팀장, 이렇게 말한다.

"이번 주말에 있는 어린이용품 국제박람회에 우리 회

말투가 승부를 가르는 순간

사가 참여합니다. 마침 어린이날과 겹쳐 많은 가족이 찾아올 것으로 예상합니다. 매출 확대 기회라고 합니다. 1년에 한 번 있는 행사니까 전원 현장으로 출근해 근무합시다."

어린이날에, 그것도 주말과 겹친 억울한 휴일에 특근이라니, 정말 이놈의 회사가 억세게 사람을 부려 먹는구나, 하는 생각이 들 것이다. 있는 정도 모두 떨어질 정도다. 일단 정 떼는 건 나중 일이라고 치고, 팀장의 말에 당신은 어떻게 대답할 텐가. (결국 갈 수밖에 없는 상황이라고 가정해보자.)

① 네!
② 네?

압니다. 마음은 '② 네?'이지만 정답(?)을 골라내기 위해 어쩔 수 없이 '① 네!'를 선택했다는 것을. 물론 요즘에는 이런 식으로 갑작스럽게 끼어드는 일이 많이 사라졌습니다. 하지만 중소기업에는 이런 일이 여전하다는 이야기를 많이 듣습니다. 참고로 위 사례는 40여 명 규모의 마케팅 회사를 운영하던 대표의 말씀이었습니다.

신입인 당신이 들으면 속이 뒤틀릴 말이긴 하지만 일단 회사라는 곳, 윗사람의 생각을 알아두는 것도 좋을 것 같으니 그 대표님 이야기를 한번 들어보기로 하겠습니다.

솔직히 이럴 때 흔쾌히 '네!'라고 외칠 수 있는 사람을 원합니다. 하지만 대부분 말꼬리 뒤가 올라간 의문형으로 '네?'라는 말을 더 많이 듣습니다. 간혹 '네!'라는 감탄형 대답을 들으면 그렇게 기분이 좋을 수가 없습니다.

여전히 우리는 불만입니다. 마음으로는 이미 '특근 수당 줄 것도 아니면서!'라고 외치고 있습니다. 하지만 회사는 어렵고 힘든 자신의 요청에 적극적으로 '네!'라고 외치는 구성원에게 카타르시스를 느낀다고 합니다.

'워라밸'과는 거리가 먼 모습이긴 하지만 회사의 솔직한 심정은 시키는 일만 하고 얼른 집에 가고 싶어 안달이 난 '생계형 직장인'이 아닌 미래를 맡길 수 있는, 가끔은 어려움에 기꺼이 동참할 수 있는 '스타형 직장인'을 기대합니다.

한 은행에서 근무했다는 청원경찰 이야기를 책에서 읽은 적이 있습니다. "친절 하나로 매출 300억 원을 유치했다"는데 그 비결이 무엇이었을까요. 청원경찰이 은행 업무와 무슨 관계가 있을까요? '설마'라는 생각도 잠시, 그분 말투와 행동을 알게 되면서 가능했겠다는 느낌을 받게 되었습니다.

> "저는 누가 무엇을 하라고 지시했을 때 '아!' 하고 그 일을 향해 달려갑니다. 긍정적으로 여기고 다가가서 보면 힘이 나오는 법이거든요. 귀찮다고 '어?' 하면서 '그거 안 될 텐데'라고 생각하면 될 일도 안 되는 법이니까요."

대단하죠? 갑자기 다가오는 업무 스트레스를 오히려 자신에게 주어진 기회로 받아들인다는 이분의 마인드는 타고난 재능이나 명문대학교 졸업장보다 직장생활에서 더욱 강

력한 무기입니다. 스트레스를 스트레스로 생각하지 않고, 일단 부딪혀 해결하고 본다는 그분 말투에서 삶에 대한 자신감이 느껴집니다.

솔직히, 갑자기 뜬금없이 끼어든 일을 두고 기뻐할 직장인은 없습니다. 하지만 이왕에 해야 할 일이라면 얼굴 찌푸리거나 서로 마음을 불편하게 해서 좋을 게 뭐가 있을까요. 기왕 할 일이라면 즐겁게 하는 게 백번 낫지 않을까요. 상대방에게 감탄형의 '네!' 말투를 선물하면서 말입니다. 게다가 당신이 신입이라면 더욱 그러합니다.

'네'에 물음표(?) 대신 느낌표(!)를 붙이는 것만으로도 당신은 회사가 필요로 하는 인재가 될 수 있습니다. 회사가 원하는 인재가 되기 위한 첫걸음은 말끝에 물음표 대신 느낌표를 붙이는 데서 시작됩니다. 적극적으로 '네!'라고 외치고 달려가는 사람에게 회사는 카타르시스를 느낀다는 것을 기억해두세요.

말투가 승부를 가르는 순간

긍정

거절당하는 순간
영업은 시작된다

다음은 국내 제약회사에서 임원으로 재직했던 분이 들려주신 사례입니다.

어느 날 회식을 하게 되었다. 평소에 술고래로 소문난 영업사원 최 과장이 눈에 들어왔다. 그런데 소주잔을 입에 대는 둥 마는 둥 한다. 몸이 어디 아픈가. 표정이 밝은 걸 보니 그렇지도 않은 것 같은데. 왜 술을 안 마시는 거지? 궁금해서 물어봤다. "최 과장, 오늘 무슨 일 있어? 웬일이야? 술잔을 입에 대지도 않네?"

미소 짓던 최 과장의 대답은 이랬다. "이사님, 내일 제 기록을 깨줄 고객을 만나러 갑니다. 그래서 오늘은 자제해야 합니다." 기록을 깨다니? 그게 무슨 소리냐고 되묻자 이렇게 설명했다.

"내일 어떤 병원의 의사 선생님을 찾아뵙니다. 제가 영업 7년째입니다. 한 고객에게 12번까지 문전박대를 당해봤습니다. 하지만 내일 뵐 의사 선생님은 제가 13번째 찾아뵙는 겁니다. 드디어 거절 횟수 신기록을 세웁니다. 신기록을 세워주는 고객을 만나는데 오늘 제가 술을 함부로 마실 수 있겠습니까."

참고로 저 역시 회사에서 영업사원을 오랫동안 한 바 있습니다. 하지만 이 말을 듣고 반성할 수밖에 없었습니다. '나를 문전 박대한 고객들을 어떻게 생각했는가? 그리고 다시 회사에 돌아와 그들을 어떻게 말해왔던가?' 떠올리며 부끄러웠습니다. '거절당하는 순간 영업은 시작된다'라는 말처럼 거절은 영업 현장에서 늘 있는 일임에도 저는 거절의 순간마다 부정적으로 말했습니다.

말투가 승부를 가르는 순간

"정말 지긋지긋하네요. 또 가보라고요? 제가 왜요? 자존심 상하는데."

"그 회사요? 간판만 봐도 징그럽습니다. 다른 영업사원이 담당했으면 좋겠습니다."

"요즘 어떠냐고? 지겨워. 불평불만 듣는 것도 하루 이틀이지. 그만둬야 할 때가 된 것 같아."

저는 지금까지 임직원 30여 명 내외의 작은 회사도, 500명 규모의 중견 회사에도, 10,000명이 넘는 회사도 다녀봤습니다. 그 과정에서 쓴맛 단맛을 모두 맛보고, 또 많은 교훈도 얻었는데 그중에서도 첫 번째는 회사 조직에서 구성원의 말투는 '긍정' 키워드가 핵심이라는 것이었습니다.

'또, '긍정' 타령이야?'

지겹다고 느껴질 수도 있음에도 불구하고 저는 "그렇습니다! 긍정이 당신의 핵심 말투가 되어야 합니다"라고 답하겠습니다. 왜 그토록 중요할까요? 왜 회사는 긍정이라는 단어가 구성원에게 가득하기를 바라는 걸까요?

저 역시도 긍정적인 자세로 의욕을 보이는 후배들에게 더 많은 믿음과 호감이 가는 게 인지상정입니다. 조직이라면 능력과 역량 그리고 성과에 따라 사람을 판단하는데 긍정적인 피드백을 하는 친구들에게 조금 더 마음이 갔던 것이죠. 이런 변화를 두고 여러 생각도 들었습니다. '나 역시 아부나 좋아하는 사람이 되어가는 건가?'

하지만 상상해보시죠. 신입인 당신이 1~2년 후에 후배를 받습니다. 그런데 그 친구, 말마다 'No'라고 답합니다. 기분이 어떨 것 같나요? 공사를 냉철하게 구분하는 사람도 자기 의견이 매번 거절당하는 것은 싫은 법입니다. 거부할 수 없는 인간의 본능입니다. 언젠가 어학원 대표가 자기 직원들을 보면서 느낀점을 이렇게 말하더군요.

> 전 변명이 많은 사람이 싫어요. '차가 막혀서', '어제 술을 많이 먹어서', '친구가 생일이라서', '가족 식사가 있어서'… 저는 믿지 않아요. 그리고 세상은 이렇게 변명하는 사람을 무시하죠. 그 말을 하는 사람이 어차피 도태될 거니까 무시하는 겁니다.

말투가 승부를 가르는 순간

회사는 부정적인 말투를 남발하는 사람을 무시합니다. 말투 자체보다는 그 사람 전체를 무시해버리는 것이죠. 직장에서 무시당하면서 살고 싶진 않을 겁니다. 그렇다면 긍정의 말투로 조직과 소통하려는 노력이 필요합니다.

그렇다면 회사는 왜 이렇게 구성원들의 'Yes'를 좋아하는 걸까요. 그들 입장이 되어보면 쉽게 이해할 수 있습니다. 회사를 둘러싼 상황은 늘 상시 비상 체제이고, 날마다 위기입니다. '우리 회사는 다음 한 주 동안은 아무 일 없을 예정이니까 마음 놓고 있으세요'라는 공지를 본 적 있는지요? 없을 겁니다.

'해보긴 하겠지만 어려울 수도 있습니다'라는 말투와 '반드시 이기겠습니다. 해내겠습니다'라는 말투에는 큰 차이가 있습니다. 그러니 마음에 들건 들지 않건 기왕 당신이 몸담고 있는 조직이라면 회사에 희망을 주는 말투를 사용하려고 애써보세요. 회사에서만큼은 '할 수 있다!', '꼭 해내겠다!'라고 멋지게 선언해보라는 겁니다.

2부. 관계 센스

불편함은 당연합니다. 저 역시 이성적으로는 회사와 맞춰 가는 데 필요한 과정이라고 생각하면서도 자존심 상하는 감정의 거북스러움을 참기는 어려웠으니까요. 겉과 속이 다른 것을 천성적으로 싫어하고, 정직하며 성실한 사람들일수록 이런 생각을 하는 것도 압니다.

하지만 '뻣뻣한' 정직과 '순진한' 성실만으로는 조직에서 성공하기 힘들 수도 있다는 점을 기억해두셨으면 합니다. 부디 하찮은 말 하나, 습관적인 말투 때문에 직장에서 불협화음을 일으키지 마세요. 회사는 뜻밖에 단순해서 좋고 싫음을 잘 가릴 줄 모른다는 것도 기억하십시오. 회사는 오직 좋은 것, 긍정적인 것만 요구한다는 것, 이를 두고 상대방인 회사가 원하는 말투를 해주는 것, 그것이 당신의 능력이요, 용기이며, 자신감입니다.

말투가 승부를 가르는 순간

잘 만든 보고서보다
더 중요한 것

회사의 많은 업무는 역할별로 구분되어 있습니다. 그러니 다른 부서는커녕 옆 사람 일이 무엇인지 알고 지내기 힘든 구조입니다. 그래서 더더욱 잘 듣고 겸손하게 말하며, 필요하면 타인의 조언을 적극적으로 받아들이는 태도가 필요합니다. 하지만 저는 그러질 못했습니다. 실제로 낭패를 본 경우도 꽤 됩니다.

영업사원으로 일할 때 얘기입니다. 중요한 고객 한 분을 유치해야 했습니다. 부서 전체가 힘을 기울이는 프로젝트를 진행했습니다. 담당자는 저였고요. 임원에게 중간 보고를 하던 날이 다가왔습니다. 밤새 보고서를 만들었고 새벽까지 정리를 마쳤습니다. 오전 시간, 회의가 열렸습니다. 회의에 참석해서 묵묵히 듣고만 계시던, 의사결정권을 가진 이사님이 질문했습니다.

이사: 김 대리님, 고객사 의사결정자인 임원은 어떤 취미를 갖고 있죠?

나: 네? 취미요? 그런 것까지 제가 알 수가… 알아볼까요? 고객이 싫어할 텐데.

이사: 그래요? 음, 그럼, 기존에 우리 회사의 서비스 중에 사용하는 게 있나요?

나: 확인하지 못했습니다만, 그런데 그건 이번 제안과 관련이 없습니다.

이사: 문제없이 진행되는 것 맞죠?

나: 네! 물론입니다. 어제도 밤새 이 보고서를 만들었습니다.

여전히 고개를 갸우뚱하는 이사님을 향해 저는 뭔가 '잘

말투가 승부를 가르는 순간

난 척'을 하고 싶었습니다. 그때 저는 솔직히 프로젝트 수주에 무조건 성공한다고 생각했었으니까요. 실제로 준비도 열심히 했습니다. 경쟁사 가격 정책은 물론 그들이 제안한 시스템 성능까지도 정리를 끝낸 상태였거든요. 그런데 이사님은 '고작' 아니 '한가하게' 고객사 임원의 취미 '따위'나 물어보고 있었으니 우스울 수밖에요. 뭔가 결정타를 날리고 싶어서 이렇게 말을 이어나갔습니다.

> 이사님, 걱정하지 마십시오. 제가 파악한 바로는 고객사 임원 밑에 있는 담당 부장이 기안을 어떻게 하느냐에 따라 성패가 갈립니다. 그쪽 임원은 의사결정을 내릴 때 부장의 뜻을 따른다고 합니다. 그런데 제가 그부장님을 꽉 잡고 있습니다. 이 프로젝트는 이긴 거나다름없다고 생각합니다.

이사님은 뭔가 얘기를 하려다 말고 "좋은 결과 기대합니다"라는 말만 남기고 회의실을 떠났습니다. 결과는? 예상했겠지만, 수주에 실패했습니다. 우리 부서만이 아닌 회사의 연간 매출 달성에 정말 중요한 프로젝트였는데 말입니다. 믿었던 고객사 담당 부장에게는 '미안하다'라는 메시지 하나만 달랑 날아왔을 뿐이었습니다. 전화해서 항의하고 나서야 비로소 저의 짧았던 시각을 알아차리게 되었습니다.

그 프로젝트의 최종 의사결정에 임원이 깊숙이 개입했다고 합니다. 경쟁사는 온갖 인맥을 동원한 '정치 영업'(고객사 임원의 취미였던 골프 접대를 포함해)의 끝판왕을 보여준 건 당연한 일이었고요. 게다가 경쟁사 서비스를 이미 사용하던 고객은 기존 서비스와 연계가 어려운 우리 회사 서비스를 선호할 이유도 없었다고 합니다.

나에게 조언을 해주려던 이사님의 직관, 아니 '경험'이 절대적으로 옳았던 셈입니다. 나름대로 '영업의 에이스', '서비스 전문가' 운운하던 저는 눈물을 삼켜야 했습니다. 그 이후로 저는 '내가 알고 있는 것을 절대적 가치로 믿지 말자'라는 평범한 진리를 늘 마음에 담고 일합니다. 특히 저보다 연륜이나 경험이 더 많은 경우 반드시 상담을 해봅니다.

당신도 혹시 저처럼 '열 중에 열을 안다'라고 생각할지도

말투가 승부를 가르는 순간

모르겠습니다. 하지만 선배 중에서는 '열 중에 열셋, 열넷을 아는' 분들도 생각보다 많습니다. 그분들 경험을 절대 무시해선 안 됩니다. 아무리 팀장, 그리고 선배들이 부족해 보여도 속된 말로 '짬밥'은 그냥 먹는 게 아니라는 사실, 잊지 마십시오.

'경당문노耕當問奴'라는 고사성어가 있습니다. '농사짓는 일은 머슴에게 물어봐야 한다'라는 뜻입니다. 일은 그 방면 전문가에게 물어야 한다는 의미죠. 들을 때는 하나도 놓치지 말고 듣고, 말할 때는 충분히 뜸을 들이면서 다른 분의 경험을 당신의 것으로 체화해야 합니다.

타인의 경험을 아낌없이 물어볼 줄 아는 당신이기를 바랍니다.

자리

차 탈 때도 예절이 있다

직원 30여 명 규모의 기업체를 운영하는 대표님이 경험했다는 이야기입니다.

> 프로젝트를 위해 고객사에 가게 됐어요. 부하직원 두 명과 함께 제 차로 말이죠. 주차장에서 차에 올라 시동을 켜고 조수석 자리를 치우고 있는데, 직원 둘이 쪼르르 뒷좌석에 앉더라고요. '왜 빨리 안 가지?' 하는 표정으로 나를 쳐다보더군요. 순간 '내가 이 친구들에게 월급을 주는 사장이야, 아니면 택시 기사야?'

라는 생각에 불쾌감이 확 몰려왔어요. 뭐라고 하고 싶었지만 그러다 괜히 '꼰대' 소리 들을까 봐 아무 소리 안 하고 그냥 운전했죠. 세상 참….

당신에게 묻고 싶습니다. 차를 탈 때도 자리 예절이 있다는 거 아시는지요. 물론 학창 시절, 학원 가는 길에 부모님이 태워주는 차에서 엄마는 운전석에서 열심히 운전하고, 당신은 뒷좌석에 앉아 음악을 들으며 머리를 식히던 기억이 있기에 직장에서 선배들과 함께 차를 탈 때까지 예절을 따지는 건 뭔가 어색한 일일지도 모르겠습니다.

그뿐이 아니죠. 대학생 때 술자리가 있어 늦어 택시를 탈 때는 앞에 타지 말고 뒤에 타라는 말도 들었을 겁니다. 그러니 당최 앞에 앉을 기회가 없었겠지요. 그러다 보니 상사가 앞에서 운전한다고 해도 뒤에 타는 게 당연하게 생각되고요. 하지만 몰랐다고 면피가 되는 건 아닙니다.

차를 탈 때도 각자의 자리가 있습니다. 고지식한 분들에게 버릇없다고 찍히기보다는 센스 있는 신입으로 인정받을 수 있을 테니까요. 우선 '상석上席'이 어딘지를 알아야 합니다. 상석이란 일터에서 윗자리를 말합니다.

자동차 탑승 시에는 이른바 '사모님 석'이라 불리는 조수석 뒤편이 상석입니다. 상석의 반대인 말석은? 자동차 뒷좌석 가운데 자리입니다. 그러므로 운전자가 상급자일 경우 다른 데 자리가 있는데도 '사모님 석'에 앉으면 눈총받기 십상입니다. 이때는 조수석에 앉아야 합니다. 그럼 응용문제 하나 풀어볼까요?

한 팀에 팀장, 과장, 대리, 사원, 이렇게 4명이 있다. 당신은 사원이다. 차로 이동하는데 운전자가 팀장이다. 이때 과장, 대리, 사원의 자리는 어디인가?

정답은 이러합니다.

1. 운전석 옆 조수석: 과장
2. 운전석과 대각선 자리(조수석 뒷자리): 대리
3. 운전자 뒷좌석: 사원

어렵죠? 이왕 풀어본 문제, 하나 더 확인해보겠습니다.

한 팀에 팀장, 과장, 대리, 사원, 이렇게 4명이 있다. 당신은 사원이다. 차로 이동하는데 운전자가 과장이다. 이때 팀장, 대리, 사원의 자리는 어디인가?

1. 운전석 옆 조수석: 사원

2. 운전석과 대각선 자리(조수석 뒷자리): 팀장

3. 운전자 뒷좌석: 대리

복잡하죠? 다음에 차를 타게 될 때 기본적인 거만 알고 있어도 괜히 차 타는 거 하나 때문에 누군가에게 욕먹지는 않을 테니 대략이라도 확인해두면 좋겠습니다. 오직 차 타는 데 있어 자리뿐일까요. 회의실에서 회의할 때 상석이 어디인지, 신입인 당신 자리가 어디인지도 상식적으로 알고 있으면 좋습니다. 원칙은 이러합니다.

1. 모든 공간에서 상석은 출입문과 가장 먼 곳이다.

2. 모든 공간에서 말석은 출입문과 가장 가까운 자리다.

이유를 묻는다면, 출입문과 가까이 앉은 사람이 많이 움직이게 되니 그렇습니다. 이를 염두에 두되 회의실 형태, 책상 배치 등을 염두에 두고 당신 자리를 잘 찾아 나서기를 바랍니다. 뭐 이 정도까지 지켜야 하나 싶은 생각이 들 수도 있습니다. 하지만 저는 이제 막 사회생활을 시작한 분들이 이러한 기본을 잘 익혀두었으면 좋겠습니다.

대다수가 지키는 예절을 애써 멀리해서 눈에 띄기보다는 예의 바른 사원으로 평가받는 게 앞으로 계속할 사회생활에서도 유리하지 않겠습니까.

말투가 승부를 가르는 순간

당신에게 주어진
진실의 순간 (MOT)

문제 하나 풀어보겠습니다.

점심시간이다. 동료들과 함께 밥을 먹은 당신, 커피
한잔하러 카페로 가고 있다. 마침 맞은편, 저 멀리에
서 이사님이 팀장들과 함께 이쪽으로 오는 것이 흐릿
하게 보인다. 이때 당신은 다음 중 어떤 태도를 취하
는가?

① 옆길로 빠진다.

② 오던 길로 다시 간다.

③ 끝까지 모른 체한다. 상대방이 아는 체하면 그제야 봤다는 표정을 짓는다.

④ 정답 없음

저부터 고백하겠습니다. 저는 ①을 선택하는 사람이었습니다. 당신은요? ②, ③도 택하지 않길 바랍니다. 사실, 정답은 ④입니다. 그렇다면 어떻게 해야 할까요? 이사님이 당신을 쳐다볼 때를 기다려 웃으며 인사합니다. 그리고 다가가서 말합니다.

"이사님, 식사 맛있게 하셨어요?"

그 정도면 됐습니다. 어쩌면 점심 식사 후 커피는 공짜로 마실 수 있을지도 모르겠습니다. 고작 커피 마시려고? 당연히 아닙니다. 이 짧은 순간의 인사가 당신의 말투와 결합하는 순간 상대방에게는 깊은 인상으로 남습니다. 저처럼 윗사람을 살짝 피한다고 얻을 건 하나도 없다는 걸 알려주고 싶었습니다.

말투가 승부를 가르는 순간

윗사람을 무서워하지 마세요. 그럴수록 다가서는 게 회사에서 성공하는, 편할 수 있는 지름길입니다. 상대방의 직급이 높으면 높을수록 좋습니다. 팀장님, 상무님, 부사장님, 사장님… 모두 당신의 '인사 타겟'(?)이어야 합니다. 저 역시 요즘에는 멀리서 그분들을 보면 아는 체를 하고 인사한 후 다가가 말합니다.

"이사님, 요즘 어떠세요? 항상 응원하겠습니다!"

당신이 조금은 뻔뻔하길 바랍니다. 그만큼 회사생활이 조금이라도 편해지고, 쉬워지며, 즐거워지니까요. 사실 최근 소통을 시도하는 방향은 오히려 윗사람들이 젊은 세대를 향해 노력하는 방향으로 바뀌고 있습니다. 업무 관련 대화뿐 아니라 개인적인 관심사와 취미 등도 나누며 서로 이해하기 위해 애씁니다.

최근 리더는 업무 성과만이 아니라 자기가 책임지는 부서 구성원과 어떻게 소통하느냐에 대한 수준이 그 리더의 평가에 결정적인 영향을 미칩니다. 그러니 직원들과 소통하지 못해 안달이(?) 나 있는 것이죠. 그러니 당신은 이 상황을 적극적으로 이용할 줄 알아야 합니다.

물론 윗사람과의 대화, 예를 들어 팀원에게 부서 팀장과 함께하는 자리는 여전히 불편합니다. 윗사람이야 '편하게 얘기해보라'라고 말하지만 조심해야 할 일이 얼마나 많나요. '말 한번 잘못했다가 더 피곤해지는 거 아니야?'라는 생각으로 아무 소리 하지 않고 가끔 미소만 보내며 시간 때우는 게 일반적인 전략입니다.

하지만 이제는 말할 수 있어야 합니다. 게다가 신입이라면 특별한 잘못만 하지 않는다면 당신의 말을 더욱 경청할 수도 있습니다. 오죽하면 '역멘토링'이라는 말까지 나왔을까요. 그러니 윗사람과의 대화를, 윗사람에 대한 인사를 무심코 넘기지 마세요. 부담감과 불편함을 즐길 수 있다면 좋겠으나 어려우면 이겨내길 바랍니다.

참고로 대기업에서 임원으로 재직했던 분의 다음 이야기를 참고하기 바랍니다.

말투가 승부를 가르는 순간

내가 임원이 된 비결 중 하나로 윗사람을 자주 찾아간 것을 꼽고 싶다. 내가 팀장이었을 때 팀에 문제가 생기면 나는 무조건 실장님을 찾아갔다. 도와달라고 요청했다. 물론 예의는 있어야 한다. 무작정 도와달라는 것보다는 내가 생각한 몇 가지 대안도 함께 보여드리면서 말해야 한다. 처음엔 사무적이었던 실장님이 언제부턴가 마치 자기 일처럼 도와주셨다. 당신이 회사에서 성공을 꿈꾼다면 높은 자리에 있는 사람을 먼저 찾아가는 용기가 있어야 한다. 호랑이 굴처럼 무섭게 느껴지겠지만 실제로 들어가 보면 생각보다 아늑하고 편안하다.

그리고 이분은 '호랑이 굴로 들어가라!'라고 권유하면서 "내가 이 분야에서는 최고가 될 터이니 그때는 꼭 나를 리더의 자리에 앉혀 달라!"라고 당당하게 말할 수 있어야 한다고 조언했습니다. 그렇습니다. 이런 모습이 바로 회사가 당신에게 원하는 '패기覇氣'입니다. 당당하게 쳐들어가는 용기, 자신을 믿고 배짱 있게 밀어붙이는 용기, 이제 당신의 것이어야 합니다.

음성

보고와 통보 사이에서

문자메시지, 카톡, 메신저, 메일… 직장에서 당신이 활용할 수 있는 커뮤니케이션 도구 중에 빠진 게 혹시 보이는지요. 그렇습니다. 상대방의 눈을 보면서 자기 목소리로 말하는 커뮤니케이션이 빠져 있습니다. 지금 대한민국 직장에서의 커뮤니케이션 문제점은 사람, 즉 당신의 목소리가 빠져 있다는 데 있습니다. 우리는 너무나 쉽게 '목소리'가 아닌 '손가락'으로 커뮤니케이션을 시작하고 끝냅니다. 자기 목소리를 사용하는 것이 무척 어색할 정도입니다.

말투가 승부를 가르는 순간

그런데 이 사실을 아시나요? 목소리를 소거하고 스마트폰 터치만으로 소통을 마무리하려는 태도가 직장 커뮤니케이션에 심각한 문제를 일으킬 수도 있다는 점 말입니다.

우리의 말투에 담아내는, 지금은 소외되어 버린 목소리야말로 여전히 최고의 커뮤니케이션 도구입니다. 이것이 회사에서 사용해야 할 커뮤니케이션 제1의 도구이며, 조직 커뮤니케이션의 기준은 여전히 '회사 상사나 동료, 혹은 부하에게 직접 자신의 목소리를 통해 말하는 것', 즉 당신의 말투, 목소리입니다. 회사 커뮤니케이션에서 '스마트'란 자신이 원하는 것을 얻어내기 위해 커뮤니케이션 도구를 적절히 조화시킨다는 데에 포인트가 있기 때문입니다.

솔루션 회사에서 영업사원을 하는 지인의 얘기입니다. 그분이 직접 목격한 사례라고 합니다. 자기가 속한 팀의 영업사원이 고객과 미팅하다 보니 시간이 상당히 흘렀습니다. 사무실로 들어가자니 바로 퇴근 시간이고, 안 들어가자니 뭔가 찝찝하니까 퇴근 시간 10분 전에 스마트폰을 꺼내 팀장에게 다음과 같이 문자메시지를 보냈습니다.

2부. 관계 센스

"팀장님. 고객 미팅이 이제 끝났습니다. 늦어서 바로
집에 가보겠습니다."

이 문자메시지, 어떻게 생각하시는지요. 아무 문제 없어
보이죠? 그런데 지인의 말에 의하면 문자메시지를 본 팀장
의 반응은 이랬답니다.

"뭐지? 이 자식? 내가 자기 친구야? 왜 함부로 손가
락질이지? 내가 만만한가?"

손가락질…. 당신의 생각과는 전혀 다른 반응이죠? 영업
부서에 근무한다면 '직퇴'라는 말에 익숙하겠지요? 직퇴란
고객과의 회의가 길어지게 되어 영업 현장 혹은 회의 현장
에서 바로 퇴근하는 경우입니다. 회사에서는 멀고 집에서는
가까운 장소에서 업무가 종료된 경우죠. 얼마든지 있을 수
있는 일입니다. 그런데 무엇이 문제였을까요.

문자메시지를 이용한 게 문제였답니다. 팀장에게는 목소
리로 '보고'하지 않고, 손가락질로 '통보'한 것으로 들렸다

말투가 승부를 가르는 순간

는 겁니다. 지인께서 나중에 화가 난 팀장과 이 사례를 두고 이야기를 나눴는데 이랬다네요.

> 압니다. 우리 영업사원들, 열심히 상담하다 보면 현장에서 퇴근하는 경우가 많은 게 당연합니다. 저 역시 그런 상황을 잘 이해합니다. 다만 퇴근 시간이 다 돼서 문자메시지, 카톡 하나 달랑 보내고 '보고'를 끝냈다는 영업사원의 태도에는 문제가 있는 겁니다. 그들은 보고했다고 생각하겠죠. 하지만 이런 문자메시지를 받은 저는 통보를 당한 것에 불과합니다.

우리는 이렇게 곧잘 생각합니다. '바야흐로 음성의 시대는 가고 문자의 시대가 왔다.' 실제 생활에서도 웬만한 것은 톡 등의 텍스트를 활용하죠. 음성통화가 점점 낯설어지고 있습니다. 상대방에게 특별한 부담을 주지 않으면서 즉각적이고 언제든지 연락할 수 있다는 장점이 있기에 말보다는 문자로, 카톡으로 의견을 주고받으려고 하죠.

비슷한 사례는 많습니다. 월요일 아침이네요. 전날 밤,

늦도록 유튜브를 보다 늦잠을 잤습니다. 헐레벌떡 뛰어갔지만 하필이면 눈앞에서 버스를 놓쳐버렸습니다. 신기하죠. 이럴 때마다 다음 버스는 유난히 늦게 옵니다. 시계를 보니까 출근 시간에 맞추기 이미 어렵습니다. '면피'를 해야 하겠죠. 스마트폰을 꺼내 듭니다. 팀장 이름을 찾아 1:1 채팅을 누르고….

"팀장님, 차가 막혀서 조금 늦을 것 같습니다."

그러고 나서 안도의 한숨을 돌립니다. 여기서 잠깐, 신입인 당신에게 묻겠습니다. 이 친구, 안도의 한숨을 돌릴 때가 맞나요. 아닙니다. 반성해야 할 때입니다. 저부터 반성합니다. 저도 이런 상황에서 문자메시지나 카톡을 보내는 것에 익숙했으니까요. 알고 보니 그게 조직에서 커뮤니케이션 기본 예절에 어긋난다는 점을 몰랐습니다.

'그렇다면 어떻게 해야 한단 말인가?' 의문이 드시죠? 이렇게 하면 됩니다.

말투가 승부를 가르는 순간

"팀장님, 차가 막혀서 조금 늦을 것 같습니다."

의문이 들 겁니다. '어, 이상하다? 똑같은 말이잖아?'

아닙니다. 이때는 문자메시지나 카톡이 아닌 당신의 목소리로 하는 것입니다. '말투'가 개입된 거죠. 전화를 걸어 팀장이 전화를 받으면 당신의 목소리로 말하는 겁니다. 그때 당신의 말은 통보가 아닌 보고가 되는 겁니다. 쉬운 듯 쉽지 않죠? 하지만 이 한마디의 용기를 내는 순간 당신의 말투는 조직 적응적 언어가 된다는 것, 기억해두십시오.

금칙어

프로의 말투 장착하기

재직 중인 회사에서 사내 강사로 활동했었습니다. 그룹사 최고 인재들에게 고객가치, 최고 상품, 혁신 등에 대해 함께 이야기를 나눈 경험은 참 소중했습니다. 직장생활 10년 전 후 구성원들과 이야기를 나누다 보니 여러 정보를 얻게 되 었는데 그중 하나가 최근 입사하는 신입에 대해 아쉬움이 크다는 사실이었습니다. 말투가 불만족스럽다는 거였죠.

> 아직도 학생처럼 말하는 후배가 있어요. 직장인이라 면 직장인답게 말해야 하는데 여전히….

얼핏 생각하기에는 별것 아닌 사소한 말들이었습니다. 그럼에도 그것을 듣는 사람은 사소하지 않게 받아들인다는 사례였죠. 신입인 당신이 선배들로부터 괜한 꾸지람을 듣기 전에 몇 개만 알려드리겠습니다. 도대체 직장인다운 말투는 어떤 것일까요.

첫째, "배운다는 자세로⋯."

구직자나 신입들에게 꼭 해주고 싶은 말입니다. "배운다는 자세로 최선을 다하겠습니다"라는 말, 이제부턴 절대 하지 마세요. 실제로 대기업에서 인사팀장으로 재직 중이던 분에게 이런 얘기를 들었습니다.

> 자신을 소개해보라고 하면 거의 다 '처음 시작해서 모든 것이 낯설지만 배운다는 자세로 열심히 하겠습니다'라고 말합니다. 회사가 무슨 학교인가요? 전쟁터와 같은 곳에서 배우긴 뭘 배운다고 저렇게 말하는지 모르겠습니다. 아예 '저, 체력 하나는 끝내줍니다. 맡겨주시면 제대로 할 자신이 있습니다'라고 말하는 친

구가 나타나면 두말 안 하고 뽑겠습니다. 경력이라고 다를 거 같아요? 똑같습니다. 직장생활 5~6년 차인 한 지원자가 배우는 자세로 일하겠다고 말하면 하품이 나옵니다.

회사를 향해 무턱대고 '배운다는 자세로' 어쩌고 하면서 들이대는 말투, 이제는 그만둡시다. 회사는 뭘 배우러 다니는 곳이 아니라는 것, 직무를 가르쳐주는 학원이 아니라는 것, 그러니 이제 배우겠다는 타령은 그만두고 회사를 위해 무엇을 할 수 있을지를 악착같이 말할 수 있어야 합니다.

둘째, "솔직히 말씀드리면…."

우리가 말할 때 자주 하는 실수가 있습니다. 다름 아닌 '솔직히'라는 말입니다. 이건 부끄럽게도 제 얘기입니다. 몇 년 전에 있었던 일이었죠. 제가 맡은 프로젝트 결과를 보고하는 자리였습니다. 쏟아지는 임원들의 질문 공세에 허둥대며 대답하기에 급급한 저에게 한 임원이 물었습니다. "지금 리스크가 없다고 했는데, 확실합니까?"

잠시 머뭇거리던 저는 몇 가지 짚이는 생각이 있어 조심스럽게 말문을 열었습니다. "솔직히 말씀드리면, 리스크가 있긴 합니다." 그때였습니다. 회의실이 쩌렁거리도록 큰 목소리가 귀청을 때렸습니다.

'솔직히'라니, 그게 무슨 말인가요? 지금까지 여기서 제가 무슨 말을 듣고 있었던 겁니까? 오늘 당신의 말은 모두 거짓말이었나요? 어제까지 보고받은 프로젝트 준비 과정과 진행 내용이 모두 거짓말이란 말입니까? '솔직히'라는 애매한 말로 우리 전부를 위험에 빠뜨리지 마세요. 변명하려면 그냥 변명이라고 말하란 겁니다.

조심하려는 제 마음을 임원이 이해해줄 거라는 어설픈 기대를 하고 있었습니다. 그런 심리가 '솔직히'라는 말로 터져 나온 것이고요. 착각이었습니다. 하지만 공식적인 업무 보고회에서 '솔직히'라는 말은 상대방의 신뢰를 무너뜨리는 거칠고 비겁한 말에 불과했습니다. '별거 아닌' 말 같지만 절대 '별거 아닌 게 아닌' 말임을 알아야 합니다.

셋째, "아마 그럴 겁니다."

자매품으로는 다음의 말들이 있습니다.

"두고 봐야 합니다."
"기다려야죠. 지금 제가 할 일은 없어서."
"거의 성공한 것으로 보입니다."

모두 당신의 말투에서 삭제시켜야 할 것들입니다. 일종의 직장생활 '금칙어禁飭語'인 셈이죠.

다음의 두 가지 답변을 한번 비교해보세요.

① 경쟁사의 저가 공세가 문제가 되는 것 같습니다. 조사를 해봐야 알겠지만 좀 더 두고 봐야 할 것 같습니다. 어쨌거나 수주는 거의 성공한 것으로 느껴지는데요. 성공하면 10억 정도의 매출이 예상됩니다. 영업이익률은 아마 10퍼센트쯤 될 것 같습니다.

말투가 승부를 가르는 순간

② 경쟁사의 저가 공세가 문제입니다. 조사를 통해 파악한 바로는 우리 회사가 제안하는 단가 기준의 97% 수준에서 제안된 것으로 예상합니다. 수주에 성공하면 10.8억의 매출과 12.8%의 영업이익률이 기대됩니다.

①은 일상 말투입니다. 회사라는 조직에서 사용하지 말아야 하는 '금칙어'인 셈이죠. 반대로 ②는? 당신이 제대로 익혀야 할 프로의 말투입니다. 이제부터 습관적으로 생각 없이 말해왔던 '거의', '대략', '~쯤'이라는 말을 조심하세요.

영업 분야 임원으로 재직했던 한 선배님의 말씀이 갑자기 떠오릅니다.

영업은 숫자에 민감해야 합니다. 25억 '정도'라고 말하면 절대 안 됩니다. 소수점 첫째 자리까지 정확하게 말해야 합니다. 숫자에 관한 한 영업사원의 변명은 '용서'의 대상이 될 수 없음을 명심하기 바랍니다.

회사는 당신이 표현하는 단어 하나, 말투 하나로 당신을 평가합니다. 능력 있고, 역량 가득하며, 성과는 좋으면서도 잘못된 말투로 당신이 낮은 평가를 받는다면 얼마나 억울한 가요. 우리가 회사에서 표현하는 말투 가운데 사소한 것은 하나도 없습니다.

말투가 승부를 가르는 순간

3부

마음 센스 :

상대의 마음을 움직이는 10가지 무기

사랑

상대방이 좋아하는 것
알아차리기

'사랑'하면 무엇이 생각나세요? 연애 중이라면 연인, 결혼했다면 사랑스러운 아이나 배우자, 혹은 나를 위해 평생을 고생하신 부모님이 생각날 겁니다. 이제 막 직장인이 된 신입사원이라면? 회사가 생각나면 좋겠습니다. 회사를 떠올렸을 때 기분이 좋아지는 그런 사람이길 기대합니다.

'회사'와 '사랑'이라니? 이제 무슨 꼰대 같은 소리냐고요? 물론, 어색하게 들립니다. 하지만 사랑이란 누군가로부터 받으면 좋고, 누군가에게 아낌없이 주더라도 즐겁다는

말투가 승부를 가르는 순간

의미에서 일터인 회사에서 그것이 실현되기를 바랍니다. 하지만 말투에 '사랑'이라니, 여전히 어렵습니다. 비즈니스 커뮤니케이션과 사랑이라니 말입니다. 사랑이란 개인 간에 서로 주고받는 감정 아니냐는 생각도 들 것이고요.

그렇다면 여기서는 먼저 이 단어를 정의하고 시작하겠습니다. 어느 철학자가 사랑을 이렇게 정의하더군요. "'사랑'이란 누군가가 좋아하는 것을 '아는' 거다. 그리고 '사랑한다'란 누군가가 좋아하는 것을 '하는' 거다." 사랑에 대한 수많은 정의 중에 제가 좋아하는 해석 중 하나입니다. 저는 이 '일상의 사랑' 개념을 '비즈니스에서의 사랑'이란 개념으로 바꾸어 말하곤 합니다. 이렇게요.

> 비즈니스 영역에서 '사랑'이란 비즈니스 상대방이 좋아하는 것을 '알아차리는' 거다. 비즈니스 영역에서 '사랑한다'란 비즈니스 상대방이 좋아하는 것을 '실행하는' 거다.

이렇게 해석하니 어떤지요.

이쯤에서 묻고 싶습니다. 혹시 회사가 뭘 좋아하는지 잘 아는지요? 회사가 지향하는 방향에 관심이 있는지요? 예를 들어 회사의 기본 철학, 즉 비전 혹은 경영이념 등에 대해 생각한 적이 있는지요? 회사는 이것들을 알아차리고 그것을 현업에서 실현해내는 당신을 '회사를 사랑하는 사람'이라고 생각할 것입니다.

신입이라면 직장에 들어오기 전에 면접을 준비하면서 회사의 핵심 가치 등을 공부했을 겁니다. 그런데 이상합니다. 입사하자마자 그런 것들은 까마득하게 잊고 마니까요. 그런 당신을 두고 회사는 어떻게 생각할까요? 회사가 좋아하는 것을 알고 또 그것을 말하며 행하는 것, 그게 바로 회사를 사랑하는 신입의 모습입니다.

혹시 입사 동기가 있나요? 오랜만에 만난 동기 모임에서 당신의 말투가 다음과 같다면 회사에 대한 사랑을 한번 점검해볼 필요가 있습니다.

"회사 다니기 지겨워. 우리 팀 박 선배? 말이 안 통해."

말투가 승부를 가르는 순간

"내가 영업사원 하려고 대기업에 왔나? 짜증 나."

"보람은 무슨…. 그냥 받은 만큼만 일하는 거지."

이해합니다. 학교와는 전혀 다른 시간과 공간인 회사에서 윗사람과의 관계 혹은 다른 부서 동료들과의 관계에서 상처를 겪고 나서 이런 말을 한다는 것 말입니다. 우리는 누군가와 말이 통하지 않는 것을 '불통不通'이라고 합니다.

말이 안 통하죠? 당신 마음을 타인, 특히 윗사람이 몰라주는 것 같지 않나요. 소속 팀의 팀장님도, 김 과장님도, 박선배도 모두 답답하지 않나요. '이 또한 지나가겠지' 하며 주문을 외워보지만 당신과 커뮤니케이션 불협화음을 일으키는 그 사람과 오늘도 내일도 한 공간에서 일해야 한다는 현실에 자괴감도 들 겁니다.

그뿐인가요. 아무리 둘러봐도 당신 주변에는 이상한 사람들만 있습니다. 그래서 결심합니다. '그래, 옮겨야겠다.' 부서를 옮기고 회사를 옮깁니다. 결과는? 크게 바뀌는 건 없습니다. 당신이 가는 어떤 곳에서도 여전히 말이 안 통하는 사람이 곁에 있을 것이 틀림없습니다. 뭐가 잘못된 것일까요.

저는 이쯤에서 다시 '사랑'이라는 키워드를 꺼내고 싶습니다. 회사에 들어오기 전에는 그토록 사랑하겠다고 다짐했던 회사, 바로 그 회사에 대한 애정이 마음속에 얼마나 남아 있는지를 묻고 싶습니다. 만약 당신이 회사를 사랑한다면, 즉 회사가 좋아하는 걸 알기 위해 노력하고, 또 알아차리고 나서는 그것을 자기 말투로 실현한다면 결코 부정적인 언어로 회사를 표현하지 않을 겁니다.

자기 머릿속에 있는 것을 가감 없이 이야기하기보다, 회사의 머릿속에 있는 걸 끌어내려는 태도로 말투를 설계하겠다고 다짐해보면 어떨까요. 분명히 좋은 결과가 있을 겁니다. 그런 노력이 계속된다면? 상대방에 대한 이해의 폭을 키울 수 있고, 그 사람이 당신을 좋아하는 것을 알게 되며, 결국에는 상대가 좋아하는 것을 말투로 자연스럽게 표현하게 될 것입니다.

말투가 승부를 가르는 순간

의미

커피 한 잔에도
큰 의미를 부여하는데

자신이 의미 있는 일을 하고 있고, 스스로 그 결과를 통제할 수 있다고 생각할 때 직장인은 그 일에 몰입해 최고의 성과를 낼 수 있습니다. 단순히 윗사람 지시에 따라 업무를 수행한다는 수동적 입장이 아니라 스스로 의미 있는 일에 참여한다는 주인의식으로 일할 때 업무 목표 달성을 위해 자발적으로 몰입할 수 있다는 거죠.

그렇다면 어떻게 해야 일에 의미를 부여할 수 있을까요. 이것을 우리가 표현하는 말투에 어떻게 녹여낼 수 있을까요.

3부. 마음 센스

"내가 지금 대체 뭘 하는 건지 모르겠어."

"시켜서 하긴 하는데, 꼭 해야 하는지도 알 수 없네."

벌써 이런 말투가 튀어나오는 건 아니겠죠? 사실 제가 신입이던 시절에는 이런 말을 아무렇게나 내뱉곤 했습니다. 제가 하는 일의 의미를 능동적으로 찾기보다 받은 일의 부정적인 측면만 찾아 불평과 불만으로 보내던 때가 많았죠. 지금 생각해보면 얼굴이 화끈거리는 부끄러운 기억입니다.

조직 구성원으로서, 직장에서 당신이 하는 일의 의미에 대해 자신 있게 말할 수 있는지요? 일의 의미를 안다면, 그 것은 스스로 부여한 것인가요? 자기 일의 의미에 대해 누가 이러저러하다고 말해주면 물론 편합니다. 하지만 누군가에 의해 타율적으로 주어진 의미보다는 자기 일에 스스로 의미를 부여하려는 노력이 절실히 필요합니다.

그리고 의미 부여는 그저 생각에 머물러서는 곤란합니다. 조직에서 커뮤니케이션할 때 내 일의 의미에 대해 당당하게 말할 수 있어야 합니다. 의미가 부여되지 않은 말투는

말투가 승부를 가르는 순간

조직 상하 혹은 수평 관계에서 모두 악영향을 끼칩니다. 자기 일에 대한 의미 부여조차 제대로 되지 않은 상황에서는 일은 늘 지루하고 재미없습니다.

우리는 커피 한 잔을 마셔도 무슨 커피를 마실까, 어디서 마실까, 심지어는 여기서 마시면 어떤 감정을 느낄까 등등을 고민합니다. 그렇다면 묻겠습니다. 회사에서 자신이 하는 일을 그렇게 고민하고 있는지요. 업무에서 의미를 찾지 못하면 직장 생활은 건조할 뿐입니다. 속된 말로 '하라면 하고, 까라면 까는' 생활의 반복이죠.

물론 당신 책임만은 아닙니다. 일에 의미를 설명해주지 못하는 팀장 그리고 선배의 말투가 여러분의 말투에 영향을 준 것인지도 모르니까요.

"왜 이렇게 말들이 많아요. 그냥 하라는 대로 해요."
"그냥 팀장님이 시킨 것이니 일단 따릅시다."

열정을 기대하기 어려운 말들입니다.

3부. 마음 센스

그렇다고 해서 당신이 똑같이 할 필요는 없습니다. 이건 내 일이니까 특별한 의미 부여를 할 수 있으니까요. 조직 구성원이라면 선배, 동료, 리더 등의 조언을 일부러 받아서라도 자기 일에 어떤 의미를 부여할지 가장 먼저 고민해야 합니다. 직장생활을 적극적으로 하고 싶다면 말입니다.

이제 우리 입에서 이런 말들이 나오기를 바랍니다.

> "내 일? 고객이 최고의 회사로 성장할 수 있도록 돕는 일이야."
>
> "영업하며 인간관계에 관심이 생겼어. 업무에 도움이 되도록 더욱 공부해보고 싶어."

아차, 팀장과 선배의 말투도 바뀌기를 바랍니다.

> "우리는 고객의 아침 시간을 획기적으로 줄여주는 프로젝트를 진행하고 있습니다."
>
> "좋은 의견입니다. 그 아이디어를 업무 프로세스 개선에 반영하자고 해볼게요."

정리

정돈된 마음이 드러내는 현실

설날을 앞둔 어느 날, 새로 오신 상무님이 직원들을 불러 모았습니다. 설날을 앞두고 조직이 변경된 터라 모두 긴장했습니다. 게다가 이분, 소문이 무시무시했습니다. 부서 밖에서 들리는 바에 의하면 '이제 너희는 다 죽었다'였으니까요. 그나저나 무슨 말씀을 하시려는 걸까, 궁금해졌습니다. '자, 이제 힘을 합쳐 죽도록 뛰어보자'라는 당부? 아니면 '나를 만난 이상 죽었다고 복창해라'라는 협박?

예상은 보기 좋게 빗나갔습니다.

조직 변경에 따른 사무실 재배치로 우리는 돌아오는 출근 날부터 다른 곳에서 근무하게 됩니다. 그래서 부탁 하나 드립니다. 오늘 퇴근 전에 책상을 닦고 퇴근 해주십시오. 우리가 떠난 책상에는 사랑하는 우리 동료들이 다시 와서 일하게 됩니다. 그분들이 상쾌한 마음으로 일할 수 있도록 책상을 깨끗이 치워줍시다. 물걸레를 사용해 먼지를 닦고 작은 흔적까지 지웁시다. 그것이 동료에 대한 예의이고 우리 스스로에 대한 자부심입니다. 그럼, 설날 연휴 잘 보내십시오.

맥이 풀렸습니다. 흩어지면서 누군가가 작게 말하더군요. "고작 책상 닦으라는 얘기하려고 우릴 불러 모은 거야?" 저 역시 속으로 비슷한 생각을 했습니다. '청소하시는 분도 있는데 어련히 치우지 않을까. 깐깐하다더니 쫀쫀하기까지 한 거야?' 지금에 와서 이런 생각을 떠올렸던 철없는 저를 반성합니다.

알고 보니 그분의 말투와 저의 말투에는 본질적인 차이가 있었습니다. 회사마다 차이는 있겠지만 보통 몇 달에 한

번, 혹은 몇 년에 한 번은 인사이동이 있습니다. 그때마다 자리를 바꿔야 합니다. 신입에겐 그런 경험이 낯설겠지만 자리 이동(혹은 장소나 보직 이동)할 때가 많아질 겁니다. 그때 당신이라면 쓰던 책상을 어떻게 했을까요?

저는 사실 기억도 나지 않습니다. 아예 신경조차 쓰지 않았으니까요. 그동안 쓰던 책상을 지저분하게 둔 것도 모자라 "대충 정리하고 가자. 원래 자기 책상은 자기가 청소하는 거야"라며 말했던 사람이 바로 저였습니다. 하지만 그렇게 하지 말았어야 했습니다. 바른 사고를 지닌 구성원이라면 자신이 쓰던 자리를 떠나며 책상 청소쯤은 당연히 해야 했습니다. "어차피 이제는 자기가 쓰지도 않을 텐데 왜 그렇게 깨끗하게 치우는 거야?"라고 누군가가 물어본다면 이렇게 말하면 좋겠고요.

> 저에게 많은 것을 준 자리입니다. 정도 들었는데 마음이 짠하네요. 다음에 누가 이 자리에 올지 모르겠지만 좋은 마음으로 이 책상을 사용했으면 합니다. 그래서 깨끗이 치우는 중입니다.

작은 것도 소중하게 여기는 말투와 마음 씀…. 직장의 모든 시간과 공간에서 당신이 이러하기를 바랍니다. 정리는 사실 작은 부분인 것이 맞습니다. 생산성에 직접 연결된다고 볼 수 없지요. 하지만 사소하다고 생각되는 일일수록 더욱 세심한 주의가 필요한 법입니다. 작은 일도 깐깐하게 챙기고 그걸 말투로 표현하는 당신이야말로 다른 주제로 나누는 대화도 그럴 거라 기대하게 합니다.

삼성그룹을 거쳐 중견기업의 부회장까지 거쳤다는 분의 말씀을 들어봅니다.

부하직원들의 정리되지 않은 책상을 보면 짜증이 납니다. 중요한 서류가 무엇인지, 당장 올려야 할 결재 서류가 어디 있는지, 과연 바로바로 알 수 있을까요. 우왕좌왕하다 보면 자연히 시간만 빼앗기게 될 것이고요. 책상 정리부터 잘해야 합니다. 지저분한 책상을 놔두면서 사소한 것까지 마음에 담아 두고 있으면 정작 중요한 것에 신경을 쏟을 수 없습니다.

말투가 승부를 가르는 순간

회사는 당신이 사소한 일에 대해 아무렇지도 않게 말하는 것을 걱정합니다. 바로 그런 사소한 것들이 모여 회사의 생산성과 효율성을 좌우한다고 생각하기 때문입니다. 그렇다면 당신의 말투에 담아야 할 것들에는 과연 무엇이 있을까요. 예를 들어봅니다.

팀의 주간업무 보고 시간입니다. 매출과 실적 예상, 리스크 등을 논의하는 자리이긴 합니다만, 이제 한쪽에서 이런 말도 곁들일 수 있었으면 합니다. "복사기 주변이 어지럽던데 회의 끝나면 정리해두겠습니다. 이면지도 정리하고 오래 묵은 팩스도 주인을 찾아보겠습니다."

그런 말투가 당신을 더욱 돋보이게 합니다.

집중

몰입을 위한
최적 조건 만들기

사무실을 떠난 다양한 장소에서 오히려 업무에 필요한 정보를 더욱 얻는 경우가 비일비재합니다. 휴게실, 식사 시간 등 업무를 잠시 내려놓은 장소에서 타인의 정보도 얻을 수 있습니다. 정보와 시야가 함께 넓어져 업무 역량도 강화되는 기회가 됩니다. 조직 전체의 소통에 적극적으로 참여하게 되기도 하죠.

말 잘하기로 소문난 한 방송인은 자신의 소통 비결에 대해 이렇게 이야기합니다.

앉아서 누군가가 내게 다가와주길 기다려서는 안 된다고 생각했습니다. 혹시 어디에서 만났을 때 제가 바보처럼 웃으며 먼저 인사해도 오해는 하지 마십시오. 제가 정신 줄을 살짝 놓은 것도, 여러분의 얼굴에 뭔가 묻어서도 아닙니다. 바로 소통을 하고 싶어서 그러는 겁니다.

그렇습니다. 그의 성공 뒤에는 먼저 다가가기 위한 부단한 노력이 있었습니다. 조직 생활도 마찬가지 아닐까요. 남과 친해지려는 노력이 당신에게 큰 힘이 됩니다. '나는 오직 일로 승부를 거는, 철저한 실력자로 성공할 거야!'라며 스스로 결심을 굳히는 중이라면, 그 생각을 멈추고 잠시 주변을 둘러보세요. 혹시 '왕따형 인간'으로 취급받는 것은 아닌지 말이죠.

사람들과 소통을 잘하라는 것이지 자기 업무를 소홀히 하라는 건 아님은 기본으로 깔고 말씀드려야 하겠습니다. 특히 집중할 때는 집중해야 하지요. 이미 앞서가는 기업들은 업무 몰입을 근태에 반영하려는 노력을 많이 하고 있습니다. K사는 재택근무를 하면서도 오후 2시부터 5시까지를 집중 근무 시간으로 정하고 대면 회의는 주 1회 정도로 권장합니다.

제가 재직 중인 회사도 오전 10~12시를 포함, 하루 2차례에 걸쳐 집중 근무를 권하고 있습니다. 이렇듯 많은 기업이 구성원의 업무 집중에 고민하는 이유는 무엇일까요. 아웃도어 의류 부분에서 탄탄한 중견기업으로 키워낸 창업주한 분의 메시지입니다. 이를 통해 그 이유를 조금은 알 수 있습니다.

회사에 출근하자마자 화장실로 달려가 천천히 일을 보고 오는 직원이 있습니다. 그런 직원은 불러다가 호통을 칩니다. 오전 근무 시간은 매우 중요합니다. 출근 후 2시간은 오후 시간 전부와 맞바꿀 수 있을 정도로 집중해서 일할 수 있는 시간입니다. 회사에 도움이 되는 인재로 성장하고, 성공하려면 (아침에 용변 보는 것이) 오래된 습관이 되었더라도 과감히 바꿀 가치가 있습니다.

말투가 승부를 가르는 순간

"아무리 그래도 그렇지, 화장실도 마음대로 못 가요?" 불만 섞인 목소리가 여기저기서 들려옵니다. 그에 대한 회사의 대답(제 견해는 아닙니다)을 다시 한번 말씀드립니다.

"그렇습니다. 화장실도 함부로 가지 마십시오."

부당하다고 느껴지나요? 그렇게까지 치사하게 사는 게 무슨 의미가 있나 싶어 화가 나나요? 비인간적이고 몰상식한 회사에 항변하고 싶은가요? 하지만 회사는 당신이 화장실에 가는 것을 막은 게 아닙니다. 다만, 중요한 몰입 시간에 핸드폰에 눈을 돌리면서 '유유자적' 화장실을 다녀오는 모습에, 친구와 메신저로 대화하며 오전 시간을 흘려보내는 모습에, 가입한 카페의 최신 글을 확인하고 댓글 다느라 정신없는 출근 직후의 모습에 대해 다시 생각해보라고 하는 겁니다. 점심 시간이라면, 출근 시간 전이라면, 퇴근 시간이 지난 후라면 상관할 이유가 없습니다.

'스마트 워크'smart work라는 말이 있습니다. 최신 노트북과 최고의 소프트웨어를 사용해서 일하는 것이 스마트 워크일까요. 아닙니다. 근무 시간에서 비효율적인 시간을 줄이는 것을 말합니다. 쓸데없이 낭비되는 시간을 찾아내 아끼고 소중하게 여기며, 작은 것에도 조심해서 표현할 줄 아는 당신이야말로 스마트 워크를 할 줄 아는, 회사가 찾는 스마트 인재라는 걸 기억하세요.

"성악가의 몰락은 귀에서 시작된다"

제가 만나본 많은 리더는 겸허한 자세로 상대의 의견을 받아들이고 그것을 겸손한 말투로 표현하는 사람을 높게 평가했습니다. "바다가 자기 때문에 요동친다고 믿는 지푸라기가 있다"라는 외국 속담이 있습니다. 물론 지푸라기도 모이고 모이면 바다를 떠다니는 훌륭한 배가 될 수도 있습니다. 하지만 지푸라기 자신이 바다를 움직이고 있다고 착각하진 말아야 합니다.

혹시 이런 말투가 당신의 표현 속에 들어 있는 건 아닌지요?

"그게 아니고요."

"알았으니까 그만 말씀해도 돼요."

"그 말씀 두 번만 더 하면 백 번째예요."

"잘못 알고 계시네요. 아직 아니라고 하던데."

누군가의 말을 끊는 무례하고 건방진 말투, 설마 당신의 표현은 절대 아닐 것이라 믿습니다. 그렇다면 어떻게 해야 예의 바르면서도 겸손한 느낌을 주는 말투로 상대를 대할 수 있을까요. 저는 '듣기', 즉 '경청'을 우선 고민해보길 권합니다. 혹시 이런 말 들어보셨나요.

"성악가의 몰락은 귀에서부터 온다."

노래에 갑자기 문제가 생기면 그 사람의 목보다는 귀를 더 의심해야 한다는 말입니다. 제대로 듣는 것이 제대로 부르는 것보다 우선한다는 뜻이죠. 아무리 잘 나간다는 성악가도 잘 듣지 못하면 한순간에 몰락한다니, 듣기의 중요성을 새삼 느끼게 됩니다. 이를 당신이 속한 조직의 커뮤니케이션에 적용해보겠습니다. 듣는 힘, 즉 경청의 중요성을 확인해보자는 것이죠.

언제부터인가 경청이란 말이 크게 유행했습니다. 잘 말하는 것 이상으로 잘 듣는 것이 얼마나 중요한지 알게 됐기 때문일 겁니다. 요즘에는 '헌신적 경청'이라는 말도 있던데, 이는 '상사가 싫거나 짜증이 나도 그의 장점을 발견하도록 끈기를 갖고 듣는 것'입니다. 어떻게 해야 할까요. 다음과 같은 생각을 머릿속에 떠올려보길 바랍니다.

'회사 방침은 시시각각 바뀔 수밖에 없어. 상사의 정보와 판단력은 부하보다 훨씬 깊고 빠를 수 있지. 그러니 상사와 부하의 생각은 다른 경우가 많고 그러니 상사가 지금 왜 이렇게 말하는지 잠시만 생각해보고 말하자.'

상사의 말이 다소 이해되지 않는 상황이라고 해도, 이런 생각을 염두에 둔다면 아무래도 마음에 여유가 생길 것입니다. 저는 이런 말투가 당신의 가치를 더해주는 도구가 되리라 믿습니다. 그러니 대화 과정에서 겸손만큼은 끝까지 놓지 말기를 권합니다. 경청의 3단계를 볼까요?

3부. 마음 센스

1단계, 우선 겸손하게 들어야 한다. 듣는 것도 기술이다. '말하는 자는 씨를 뿌리고 듣는 자는 수확한다', '하늘은 사람에게 더 많이 듣고 더 적게 말하라고 두 개의 귀와 하나의 혀를 주었다' 등의 많은 격언은 경청의 중요성을 말하고 있다.

2단계, 잘 들었다면 이제 겸손하게 말할 수 있어야 한다. 상대방의 말이 도무지 마음에 들지 않아 속으로 부글부글 끓더라도, 최소한 표현만이라도 겸손하게 하려고 해보자. 조금 더 천천히, 그리고 조금 더 조심스럽게 말해보자. "느리게 가는 사람은 확실히 가고 확실히 가는 사람은 멀리까지 간다"라는 외국 속담처럼 겸손함을 담은 차분한 말은 상대방에게 신뢰를 준다.

3단계, 마지막으로 좀 더 욕심낸다면 상대방의 말을 들으며 '네, 맞습니다'correct로 그치지 않고 '맞습니다. 제가 변하겠습니다'correct plus change라고 말했으면 좋겠다. 만약 상대방이 직속 상사라면 그의 말에 더더욱 변화와 개선의 의지를 담은 겸손의 말투로 당

말투가 승부를 가르는 순간

신의 성장과 발전을 도모하기를 바란다.

경청으로부터 시작되는 말투 프로세스는 겸손의 언어로 성공적으로 마무리됩니다. 잘 모르겠다면, 상사의 좋은 점을 겸손하게 확인해보세요. 당신이 아직 보지 못한 상사의 장점이 무엇인지, 그의 어떤 탁월함이 조직 성과와 연결됐는지, 끊임없이 생각해보는 연습을 할 때만이 당신의 말투는 비로소 좋은 결실을 맺을 수 있을 겁니다.

인맥

당신이 알아야 할
또 하나의 전문성

방송사를 대상으로 사업을 하시는 분이 있습니다. 이분은 일이 잘 풀리지 않아 직원들이 힘들어할 때 딱 한 마디만 물어본다고 하네요.

"김 대리, 누굴 만나서 말하면 돼?"

일이 난감한 상황일수록 평소 인간관계를 중심으로 일을 풀어나가면 아무래도 수월하게 해결된다는 게 이분 생각입니다. 물론 이제는 거래 관계가 투명해졌기에 앞으로도 이런 방식의 사업이나 영업 방식이 통할는지는 의문입니다. 그렇다고 아예 이런 방식을 무시할 수는 없습니다. 인간관계는 여전히 일 처리와 비즈니스에 있어 중요한 고려 사항입니다.

사실, 직장이라는 곳에선 인간관계의 중요성이 더 크게 느껴집니다. 상사가 되었든 관련 부서가 되었든, 자신의 존재가치를 알리는 말투만 제대로 구사해도 일이 훨씬 수월해지니까요. 우리는 보통 자기 계발을 한다고, 어학원이나 코딩 학원에 다니며, 업무 매뉴얼을 공부합니다. 하지만 조직 생활에 중요한 인간관계 구축 노력을 위해 당신은 어느 정도 애쓰고 있나요? 말투 설계부터 시작하는 것은 어떤가요?

국내 한 대기업에서 일하는 중간관리자가 이런 말을 했습니다.

타 부서와 갈등이 있으면 조정과 협력이 필요한데 평소 잘 모르던 사람과는 그게 정말 쉽지 않습니다. 특히 관계에서 곤란한 상황이 닥치면 이를 해결하기 위

3부. 마음 센스

한 전문가나 협력자가 필요한데 이런 인맥이 부족하
다면 피곤하죠. 생각해보면 저 역시 회사생활 고비마
다 알고 지내던 관계를 활용해 꽤 많은 어려움을 극복
했습니다. 누군가는 이걸 '나쁜 사내 정치'라고 하더
군요. 글쎄요. 저는 부족한 사람입니다. 그래서 저를
도와줄 사람을 찾아서 내 편으로 만들고 결국 그 덕분
에 어려운 일을 쉽게 해결할 수만 있다면, 이것이야말
로 직장인이 갖춰야 할 최우선 역량 아닐까요?

신입에게는 아직 요원한 말입니다. 제가 말씀드리고 싶
은 건 지금 당장 무엇을 하자는 게 아닙니다. 최소한 당신의
존재감이 단순히 업무 지식이나 성과만으로 결정되는 것은
아니며 오히려 당신과 연결된 사람들의 힘을 통해 결정되는
경우가 많다는 점을 잊지 않았으면 합니다.

중견기업에서 임원으로 재직 중인 분의 이야기입니다.

회사의 핵심 인재로 성장하려면 회사의 사회적 관계
를 이해하지 않곤 불가능해요. 자신의 직속 상사와의

말투가 승부를 가르는 순간

관계만이 아니에요. 자신의 업무와 연관된 타 부서 동료 혹은 상사들도 모두 중요하죠. 이 관계를 자신의 업무 성과에 제대로 활용하는가 아닌가가 직장생활의 성패를 좌우합니다.

동료와의 수평적 네트워킹도 중요하지만 조직이라는 위계질서 내에서 '권력 구조' 정점에 서 있는 사람들과의 수직적 네트워킹도 중요하다는 걸 알아차리길 바랍니다. 수직적 네트워킹은 결정적인 정보의 획득은 물론 주요 정책 결정에서 당신의 지분을 높이는 기회가 될 수 있기 때문입니다. 그렇게 하기 싫다면? 글쎄요, 그에 따른 저평가는 자신이 감당해야 할 몫이겠지요.

"사내 정치는 출세에 눈먼 자들이나 하는 나쁜 놀이"라고 생각하면서 조용하게 일만 열심히 해서 성과를 냈다고 해볼까요. 그렇다면 회사가 당신의 성과만 잘 알아보고 다 인정해줄까요. '아니, 저 친구는 조직 전체보다는 자신만을 생각하는 개인주의적 성향이 강하네?'라고 상사가 착각할 수도 있다는 생각은 해보셨나요?

신입인 당신의 업무 성취를 위해 얼마나 많은 도움이 필요합니까. 10명 안팎이 일하는 소기업조차 제대로 된 시너지를 내려면 100명이 넘는 외부 사람들의 협조와 네트워크가 필요하다고 하는데 이런 관계의 중요성을 무시하고 '나만 잘하면 된다'라고 생각한다면 성과를 내는 데도 한계가 있지 않을까요.

절박함의 일란성 쌍둥이

S그룹은 1등에 대한 집념이 엄청나다고 합니다. 저 역시 한 때 다닌 곳이라 그 기운을 느꼈던 기억이 납니다. 1등이 아니면 사업단 전부를 속된 말로 '날려버린다'는 이야기가 공공연하게 나돌았으니까요(안타깝게도 제가 속한 부서가 그런 운명을 맞이했습니다).

이 그룹에 재직 중인 등기임원의 평균 연봉은 수십억 원을 웃돕니다. 당연히 국내 최고 수준이죠. 하지만 모든 부서가 다 잘나가는 건 아니기에, 실적이 저조한 부서에 가해지는 엄청난 압박과 서러움은 숨겨진 비밀입니다. 잘나가는 부서에 있더라도 피눈물 나는 고통과 긴장, 위기의식이 늘 도사리고 있을 것이고요.

언젠가 S그룹의 금융계열사 리더와 대화를 나눈 적이 있습니다.

> 답답한 부하직원이 있냐고요? 종종 보고하러 들어온 부하직원에게 혼을 냅니다. 대부분 '고치겠습니다'라고 말하곤 돌아섭니다. 이것까지는 좋아요. 그런데 그냥 놔두면 부를 때까지 감감무소식인 경우가 허다합니다. 끝까지 문제를 해결해보겠다는 자세 없이 그저 보고를 위한 보고를 하거나 시간이 해결해주길 바라는 구성원들을 보면 어찌나 답답한지요.

그는 '해보고 안 되면 그만'이라거나 '할 만큼 했으니 됐다'라는 자세를 가진 구성원은 세계 최고를 꿈꾸는 S그룹에 맞지 않는다고 했습니다. 경쟁과 위기 돌파는 오로지 경영진이나 팀장 등 리더들 책임이라고 생각하는 사람들은 조직

말투가 승부를 가르는 순간

에서 성공할 수 없다고 단언하면서 말이죠. 그분의 말씀은 이어졌습니다.

> 펑펑 울고 싶을 정도로 어려운 상황임에도 일부 직원은 다른 세상 사람들처럼 평온하고 무심해 보이는 경우가 있습니다. 그런 모습을 보면 외로움과 배신감을 함께 느낍니다. 직장인이라면 자신이 재직 중인 회사의 어려움을 함께 극복하고 해결해보겠다는 말투와 태도 정도는 갖추고 있어야 하지 않을까요?

'회사의 어려움을 함께하겠다는 말투와 태도.' 이것이 신입인 당신에게 원하는 요구사항입니다. 이것이 어떻게 하는 것일까요? 오래전 일이긴 하지만 프로야구 감독이 계약 기간을 꽤 남겨둔 채 경질된 적이 있었습니다. 그 원인을 한 신문은 이렇게 분석했습니다.

> 한국시리즈에서 패하고도 지나치게 여유롭고 담담했던 게 오히려 구단에 밉보인 계기였습니다. 사실 그의 목표는 올해 1등이 아니라 내년 그리고 내후년 1등이

었습니다. 하지만 구단은 기다려주지 않는다는 것을 알아야 했습니다. 만약 제가 그와 개인적인 친분이 있었다면 이렇게 조언했을 듯합니다. '감독님, 오늘 진다면 카메라를 보고 엉엉 우세요.' 그렇게 속상하다는 말과 함께 눈물을 쏟았다면 아마 경질되는 일까지는 없었을 겁니다.

'엉엉 우는 연습'이라니, 우습죠? 이와 비슷한 사례는 무수히 많습니다. 한 TV 프로그램에서 오합지졸 합창단을 이끌고 감동의 장면을 연출한 분의 이야기입니다. 그는 노래 등에 있어 오디션 심사를 자주 하는데요, 그분의 말 중에 새겨들을 만한 게 있었습니다.

최근 오디션 기회가 많다 보니 오디션을 몇 번 봤는지를 두고 훈장처럼 자랑하는 청소년이 꽤 됩니다. 오디션 참가 횟수가 왜 자랑이 되는 거죠? 저는 이렇게 말하는 친구들을 두고 간절함이 부족해 나타난 현상이라고 생각합니다. 오디션이 장난인가요? 장난삼아 참가하면 탈락할 수밖에 없어요. 진심으로 열정적인 아

말투가 승부를 가르는 순간

이와 그렇지 않고, 오디션 횟수를 자랑스레 애기하는 아이는 걸음걸이부터 다르거든요.

아무리 노래를 잘해도 걸음걸이 하나로 오디션에서 탈락할 수도 있다는 사실은 무엇을 의미할까요? 자신이 평생 꿈처럼 생각하는 일에 간절함이 부족해서는 안 된다는 말 아닐까요. 신입인 당신에게 지금까지의 사례가 '절박함'이라는 키워드를 선물했으면 합니다. 모든 것이, 그리고 항상 위기 상황에 놓인 회사에서 여유롭고 한가한 태도를 지닌 구성원을 좋게 볼 회사는 거의 없습니다.

그렇다면 구체적으로 어떻게 말투를 세팅해야 할까요. 업무 실수 상황에서, 힘들고 어려운 경우에, 대부분 직장인은 '다음엔 잘하겠습니다', '이번 경험을 발판 삼겠습니다' 정도로 말하고 대충 넘어가려 합니다. 뼈아픈 자기반성이 느껴지지 않는 것은 물론, 비장함은 찾기 힘든 대책 없는 낙관으로 느껴집니다. 앞으로는 이렇게 말하길 바랍니다.

"회사에 큰 누가 되었습니다. 이런 결과가 나와 정말

로 화가 나고 속상합니다. 어떻게 해서든 이번 실수를 만회할 수 있도록 할 겁니다."

뭔가 '승부 근성'이 보이는 말투 아닌가요. 어쩌면 상사는 성과는 얻지 못했으나 한 명의 인재를 얻었다는 뿌듯함에 당신을 흐뭇하게 볼지도 모르겠습니다. 사실 이런 식으로 말하는 사람은 그야말로 극소수입니다. 저부터도 신입 시절에 그렇게 하지는 못했으니까요. 그저 '앞으로 실수 없이 잘하겠습니다'라고 말하곤, 뒤돌아서면 잊는 일의 반복이었습니다. 대기업에서 임원을 지냈던 분의 말씀을 들어보시죠.

잘 안 된다고 지레 포기하고 이를 운명처럼 생각하는 사람이 제일 약해 보입니다. 마지막까지 덤빌 수 있어야 하는데 그걸 못해요. '안 될 것 같은데요'라고 하면서 아무런 아쉬움이 없는 사람을 보면 덜컥 겁이 납니다. 그들이 하는 말은 정해져 있어요. '회사에 돈이 부족해서' 아니면 '요즘 시장이 나빠져서'라고 말하죠. 그것도 아니면 '운이 없어서'라고 말하든지요.

말투가 승부를 가르는 순간

자, 이제 다음 문제를 풀면서 정리해보기로 하겠습니다.

대형 프로젝트가 수주에 실패할 위기에 처했다. 당신은 임원이며 앞에는 두 명의 부하직원이 있다. 누구에게 더 신뢰가 가는가?

① 김 과장: 이번 프로젝트에 경쟁사가 마이너스 마진 제안을 했습니다. 승부가 판가름 났습니다. 함께 피를 보느니 일찍 포기하는 게 나을 것 같습니다.

② 이 과장: 이번 프로젝트에 경쟁사가 마이너스 마진 제안을 했습니다. 이번 건을 수주하지 못하면 우리 회사의 성장에 도움을 줄 수 있는 고객을 뺏기게 됩니다. 어떤 방법이라도 좋으니 회사 차원의 지원책을 알려주십시오.

당신은 ②와 같은 말투에 익숙해지기를 바랍니다. 회사는 아픔과 어려움을 함께하는 사람에게 무한 신뢰를 보낸다는 것을 기억해두십시오.

기브

'테이크' 이전에
'기브'가 먼저 온다

다음 사례를 읽어보세요.

프로젝트 매니저인 강 대리, 중요한 프로젝트를 성공리에 마쳤다. 회사에 엄청난 이익을 안겨준 프로젝트였던 만큼 임원이 직접 강 대리를 불러 수고를 치하하고 칭찬한다.

"이번 프로젝트는 성공하기 어려운 프로젝트였네. 경쟁사의 공세가 만만치 않았다고 들었어. 그럼에도 자네가 고객사 시스템을 정확하게 이해하고 요구사항을 충실하게 반영하는 수고를 아끼지 않았기에 성공했다고 생각하네. 잘했어. 축하하네!"

이때 당신이 강 대리라면 어떻게 대답했을지 상상해보고 아래 보기 중에서 골라보라.

① 경쟁사의 저가 공세가 가장 큰 고비였습니다. 마침 제가 고객사 담당자와 쌓아왔던 인간관계로 이 고비를 넘길 수 있었습니다. 앞으로도 이러한 관계를 최대한 이용하여 추가 프로젝트 수주에도 차질 없도록 하겠습니다. 계속 저를 지켜봐 주십시오.

② 경쟁사의 저가 공세가 가장 큰 고비였습니다. 이때 영업팀장의 전략적 도움과 기술팀장의 세심한 지원이 고비를 넘길 수 있게 했습니다. 이분들의 지원이 없었더라면 성공하기 힘들었을 겁니다. 앞으로도 관련 부서와의 관계를 최대한 활용하여 추가 프로젝트 수주에도 차질 없도록 하겠습니다. 계속 우리를 지켜봐 주십시오.

비슷한 말인 것 같은데, 그 속에서 얼마나 다른 점을 느꼈는지 모르겠습니다. 당신이 강 대리를 칭찬하던 임원이라고 해보죠. ①과 ② 중 어느 말이 더 믿음직스럽게 들리는지요. '혼자서도 잘한' ①인가요, 아니면 '다른 사람들의 지원을 끌어낸' ②인가요. 아마 회사는 ②와 같이 말하는 사람을 믿음직스럽게 여기고 눈여겨보게 될 겁니다.

누가 봐도 자신의 공인데 이를 상사들에게까지 돌리는 겸손함이 느껴지니, 어찌 다시 보지 않을 수 있겠습니까. 지나치다고 생각하나요. '세상에서 가장 아름다운 과도함은 감사'라는 말이 있습니다. 감사는 아무리 지나쳐도 문제되지 않습니다. 당신이 갈채를 얻으려면 먼저 다른 이들에게 갈채를 보내는 사람이 되어야 합니다. 그게 세상의 이치죠.

회사 업무 성과나 결과를 두고 누구의 역할과 공이 더 컸는지를 따지는 일은 회사에서 흔히 일어나는 상황입니다. 신입인 당신도 이미 몇몇 사례를 경험했을지 모르겠습니다. 이런 상황을 마주하게 된다면? 저는 당신에게 이렇게 권합니다. "그냥 아낌없이 주는 편을 택하라!" 누군가의 10% 도움에 100%의 도움이었다고 말할 줄 아는 당신이기를 바랍니다. 이렇게요.

"팀장님(혹은 선배님)의 도움이 없었더라면 이렇게 성공하진 못했을 겁니다!"

이 정도로 딱 한 줄이면 됩니다. 이런 말을 들은 상사는 결코 그 말을 잊지 못합니다. 자신이 공을 세우고도 그 공을 상사에게 넘길 줄 아는 직원에 대해 '믿음직하고 예쁘다'라는 말을 하는 상사를 수도 없이 봤습니다. 곁에 두고 싶은 부하직원이라는 말과 함께 말이죠.

기왕 한배를 탄 상사라면, 또 어떤 일에 함께해야 할 사람이라면 갈등을 일으키고 미워해서 득이 될 일은 없습니다. 차라리 반대 전략을 세우는 편이 현명합니다. 하는 일마다 갈등을 보이고, 사사건건 문제가 되니 차라리 그의 마음을 얻어내 당신의 성과를 높이는 게 백 배 현명합니다. 그러니 당신이 칭찬받을 일이 있다면 상사도 함께 칭찬받을 수 있는 말투로 소통해보세요.

한 연구 결과에 따르면 부하직원들이 상사에게 가장 듣고 싶은 말로 '그 아이디어 좋던데?', '자네에겐 무슨 일을 맡겨도 든든해', '자네는 우리 부서의 에이스야' 등이 있었다고 합니다. 여기서 역발상으로 생각해보시죠. 상사가 당신에게 듣고 싶은 말도 비슷한 것 아닐까요.

"파트장님 아이디어가 제게 큰 도움이 되었습니다."
"팀장님이 하시는 일은 제게 든든한 지원군이 됩니다."
"부장님이 하시는 일이니 분명히 잘될 겁니다."

우리는 '기브 앤드 테이크give & take'라는 말을 많이 씁니다. 여기서 포인트는 '기브'가 먼저 나온다는 점입니다. '테이크 앤 기브'는 아닌 셈이죠. 당신이 회사로부터 무엇인가를 '테이크'하려면 당신의 말투에 '기브'를 듬뿍 넣어주세요.

사람은 자기 존재를 인정받고자 하는 본능을 지닌 사회적 동물입니다. 자기 삶 속에서 위치를 인정받고 있다고 느낄 때 행복해하고, 존재감 없음에 힘겨워합니다. 김춘수 시인의 〈꽃〉이라는 유명한 시에는 "내가 그의 이름을 불러주

말투가 승부를 가르는 순간

었을 때 그는 나에게로 와서 꽃이 되었다"라는 구절이 있습니다. 이처럼 존재감이란 서로 의미를 주고받으면서 만들어지고 커집니다.

회사의 성공 제1원칙은 '자신의 직속 상사가 성공하는 것'이라는 말이 있습니다. 상사가 성공해서 당신을 이끌어줄 수 있어야 합니다. 당신의 상사는 최악이라고요? 그렇다면 빨리 승진시켜서 다른 부서로 내보내겠다고(!) 다짐해보세요. 다른 상사를 맞이할 수 있게 말입니다. 어떻게요? 감사의 말투로 그 최악의 상사가 성과를 내어 승진해서 다른 곳으로 갈 수 있도록요.

걷기

상사와의 커뮤니케이션에
빠지지 말아야 할 것

신입인 당신이 걷기에 인색하지 않았으면 좋겠습니다. 회
사, 말투 이야기하다가 무슨 걷기? 의아하실 겁니다. 그럼
다음 사례를 한번 확인해보세요.

한 중견 기업의 사무실 풍경이다. 반경 5미터 내에 팀
장 한 명과 팀원 네 명이 앉아 있다. 구성원 중 한 명
인 ○○ 씨, 팀장 지시사항에 관해 지금 막 보고서를
작성했다. 이메일을 열었다. 팀장을 수신자로 하고,
보고서를 첨부한 후, 보내기 버튼을 클릭한다. 그리고

옆의 선배에게 조용히 말한다. "대리님? 저 팀장님께 보고서 보냈어요. 커피 한잔 마시러 가시죠." 그렇게 ○○ 씨는 선배와 함께 사무실을 떠난다.

광경이 그려지는지요. 여기서 질문! 과연 ○○ 씨는 팀장님께 '보고'를 한 것일까요? 아닙니다. '통보'를 했을 뿐입니다. 이상하다고요? 보고서를 보냈으니 보고한 것 아니냐고요? 글쎄요. 몇 걸음 앞에 팀장님이 있는데 이메일만 보내놓고서 '내 할 일은 다 했다!'라는 건 착각 아닐까요. 보고, 통보 여부를 떠나 상대방에 대한 무례함 아닐까요.

저는 신입인 당신에게 '걷기'를 권장합니다. 다음 5단계를 염두에 두면서요.

사무실 내 보고의 5단계 프로세스

1단계: 일어나라(이메일을 보낸 후 자리에서 일어선다)
2단계: 걸어간다(세 걸음 앞에 앉아 있는 팀장에게 간다)
3단계: 바라본다(인기척을 내어 팀장이 고개를 들게 한

3부. 마음 센스

후 눈을 본다)

4단계: 물어본다('잠깐 시간 되는지')

5단계: 말해준다. 다음과 같이.

- "보고서를 이메일로 보냈습니다. 검토해주시 겠습니까?"
- "팀장님. 말씀하신 전략 보고서입니다. 확인해 주십시오."
- "보고서를 이메일로 보냈습니다. 부장님께서 봐주시면 도움이 될 것 같습니다."

5단계를 모두 진행하려면 얼마나 걸릴까요. 30초면 충분합니다. 5단계까지 끝냈다면 이제 동료와 커피를 마시러 가세요. 잘했습니다. 왜 이렇게까지 해야 하느냐고요? 대기업에서 파트장으로 일하는 한 리더의 이야기를 들어보시죠.

바로 앞에 앉은 파트원이 보고서를 이메일로 보내놓고 아무 말도 안 할 때는 정말 당혹스러워요. 두 걸음 앞에 앉아 있으면서도 달랑 이메일 하나 보내놓고 제가 말하기 전까지는 하루도 좋고, 일주일도 좋고, 그

말투가 승부를 가르는 순간

저 가만히 있으니까요. 그뿐인가요. 함량 미달의 보고
서를 퇴근 1분 전에 이메일로 보내놓고 '칼퇴근'하는
파트원도 있어요. 어쩌란 말인지.

　그의 한숨과 탄식에 공감하는 당신이기를 바랍니다. 작
은 컨설팅 회사를 운영하는 대표님의 이야기도 마저 들어보
시죠.

　　회사의 운명이 달린 프로젝트라면 집요하게 달려들
　　어야 하는 것 아닐까요. 얼굴을 맞대고 의논해도 모자
　　랄 판에 자기 생각만 가득 담아 이메일 하나 달랑 보
　　내놓고는 옆 건물 카페에서 스마트폰 게임하고 있는
　　부하직원을 어떻게 생각해야 할까요. 그는 도대체 무
　　슨 생각으로 회사 다니는 걸까요. 정 쉬고 싶다면 이
　　메일 보냈으니 검토해달라는 말이라도 한번 한 후에
　　나가면 안 되는 건가요.

　신입인 당신은 이런 원망(?)의 대상이 아니겠죠? 이메일
한 통 보내놓고 상사와 커뮤니케이션 했다고 착각하는 사람

3부. 마음 센스

들이 의외로 많은데 그런 사람 중에 당신은 없길 바랍니다. 자신이 귀한 대접을 받으려면 먼저 상대방을 귀하게 대접해야 하는데, 당신이 상사를 일방적인 소통의 대상으로 생각한다면 상사도 당신을 그렇게 보고 일방적인 소통을 시도하게 됨을 잊지 마세요.

인정 욕구를 만족시키는
매직 워드

신입인 당신의 목소리가 상대방에게 잘 들리기를 원한다면 '이유 없음'이라는 키워드를 한번 기억해주세요. 말투에 근거 따위를 둘 이유가 없다는 말을 하려는 게 아닙니다. 상황에 따라서, 그리고 말의 분위기에 따라서 적절한 '이유 없음'의 말투를 사용하라는 것입니다. 아직 뭔지 모호하시죠?

언젠가 작은 사업체를 운영하는 분과 이야기를 나눈 적이 있습니다. 제조에 관련된 일을 하시는데, 직원은 총 8명입니다. 그분은 이렇게 말했습니다.

"저는 직원들과 이야기를 나눌 때 말 한마디도 조심하는데… 이런 사장의 노력을 직원들은 알까요?"

그는 특히 자신의 말이 상대방에게 잘 전달되고 있는지를 궁금해했습니다. 그분은 자기 화법에서 다음과 같은 원칙을 세워두고 말한다고 하더군요.

첫째, 팩트
둘째, 성과
셋째, 책임

글쎄요, 뭔가 딱딱하게 느껴지지 않나요. 그분에게 직접 말하지는 않았지만 저 역시 조심해야 하겠다는 생각이 들었습니다. 팩트, 성과, 책임? 중요합니다. 그렇다면 팩트와 성과 그리고 책임만 말투에 녹여낸다면 다른 것은 괜찮은가요? 상대방이 무조건 받아들여야 하는 건가요? 그건 절대 아닐 것입니다.

복잡해집니다. 그럼 어떻게 해야 할까. 이제 '이유 없음'

말투가 승부를 가르는 순간

을 함께 생각해볼까요? 당신이 직장 내에서 사람들과 소통 하나에서만큼은 성공하고자 한다면 '이유 없는 칭찬'을 해보길 권합니다.

몇 년 전 일입니다. 막내딸이 퇴근 무렵 문자메시지를 보내왔습니다. "아빠 최고!" 응? 뭐지? "왜? 뭐가?"라고 물어봤습니다. 답이 바로 왔습니다. "그냥"이랍니다. 집에 가는 내내 흐뭇한 미소가 떠나지 않았고 발걸음도 가벼워졌으며 저도 모르게 편의점에서 과자 몇 봉지를 사서 들어갔지요. 아이가 보낸 뜬금없는 문자메시지 하나에 이렇게 기분이 좋아지다니 신기한 일이라고 생각했습니다.

이유 없는 칭찬을 받았더라도 기분 좋은 데에는 다 이유가 있습니다. 세상 많은 사람에겐 '인정 욕구'가 가득합니다. 인정 욕구가 채워지지 않아 인정을 받으려고 안달하는 것을 '인정 투쟁'이라고 하는데 이때 '이유 없는 칭찬'은 상대의 호응을 이끌어내는 최고의 말투입니다.

팁을 하나 드리자면 상대방이 만들어낸 성과물, 결과에

3부. 마음 센스

대해서만 칭찬하려고 하지 말라는 것입니다. 그보다는 그 사람 자체에 대한 칭찬 혹은 인정이 대화를 소통으로 이끄는 중요한 포인트임을 잊지 말아야 합니다. 당신이 아끼는 조직 내 구성원의 인정 욕구를 제대로, 충만하게 채울 수만 있다면 당신 역시 그 이상의 대접을 받게 됩니다.

제가 잘 아는 영업사원이 있습니다. 그분은 자신의 고객 관리 성공의 비결로 고객에게 다가가서 이유 없이 칭찬하는 능력을 꼽았습니다. "실장님, 제가 늘 실장님께 고마워하는 것 아시죠?", "제가 이번에 승진한 것, 모두 팀장님이 도와주신 덕택입니다." 이런 말들, 당신은 할 수 있습니까? 어떤가요? 그럴듯하지 않나요.

소통이 일상은 물론 직장과 사회 전반에 걸쳐 최고의 가치로 평가받고 있습니다. 수많은 사람이 소통을 잘해야겠다고 노력합니다. 하지만 결과적으로, 당신 주변의 소통은 엉망인 경우가 대부분입니다. 왜 그럴까요. 인정받고 싶은 사람의 마음을 헤아리지 못했기 때문입니다. '이유 없는 칭찬'에 미숙한 것이죠.

말투가 승부를 가르는 순간

소통을 잘하고 싶나요. 나른한 오후에 선배님을 찾아가 보세요. 이왕이면 선배님이 잘하는 것 혹은 잘했던 것 하나를 떠올려보세요. 그리고 미소를 지으며 말해봅니다. "선배님 덕분에 일이 잘 해결됐어요. 기분이 너무나 좋습니다. 고맙습니다." 당신을 쳐다보는 선배의 머릿속에는 환하게 불이 켜집니다.

언젠가 1년에 10억쯤 번다는 보험설계사를 만났던 이야기를 들었습니다. 보험설계사는 그를 만나자마자 "목소리가 고와요. 목에 가야금이 걸린 것 같아요"라고 했다는군요. 상대방을 기분 좋게 해보려는 말투는 모든 인간관계 성공의 기본이라는 생각이 듭니다.

이제는 당신이 시도해볼 차례입니다.

말투가 승부를
가르는 순간

초판 1쇄 발행 | 2023년 11월 24일

지은이 | 김범준

펴낸이 | 김윤정
펴낸곳 | 글의온도
출판등록 | 2021년 1월 26일(제2021-000050호)
주소 | 서울시 종로구 삼봉로 81, 442호
전화 | 02-739-8950
팩스 | 02-739-8951
메일 | ondopubl@naver.com
인스타그램 | @ondopubl

© 2023, 김범준
ISBN 979-11-92005-28-7 (03190)